U1076074

让我做你的

心灵捕手

黄之盈◎著

北京联合出版公司
Beijing United Publishing Co.,Ltd.

图书在版编目（CIP）数据

让我做你的心灵捕手：黄之盈 著 .-- 北京：北京联合出版公司，2018.5

ISBN 978-7-5596-1986-0

Ⅰ . ①让… Ⅱ . ①黄… Ⅲ . ①家庭关系 – 社会心理学 Ⅳ . ① C913.11

中国版本图书馆 CIP 数据核字（2018）第 071870 号

著作权合同登记 图字：01-2018-1251

中文简体字版© 2017 年，由北京华景时代文化传媒有限公司授权北京联合出版公司出版。

本书由宝瓶文化事业股份有限公司正式授权，同意经由 CA-LINK International LLC 代理，由北京华景时代文化传媒有限公司授权北京联合出版公司出版中文简体字版本。非经书面同意，不得以任何形式任意重制、转载。

让我做你的心灵捕手

作　　者： 黄之盈

总 发 行： 北京华景时代文化传媒有限公司

策　　划： 左美玲

责任编辑： 李　征

封面设计： 仙　境

版式设计： 张　敏

责任校对： 毛帅鹏

北京联合出版公司出版

（北京市西城区德外大街 83 号楼 9 层 100088）

北京中科印刷有限公司印刷　　新华书店经销

字数 180 千字　　880 毫米 ×1230 毫米　　1/32　　9 印张

2018 年 5 月第 1 版　　2018 年 5 月第 1 次印刷

ISBN 978-7-5596-1986-0

定价：45.00 元

未经许可，不得以任何方式复制或抄袭本书部分或全部内容

版权所有，侵权必究

本书若有质量问题，请与本公司图书销售中心联系调换。电话：010-83638551

一些人物

一些视野

一些观点

与一个全新的远景

目 录
CONTENTS

辑一

父母给的伤痛，总是千丝万缕地影响我们

『你去跟你爸讲，他是不及格的爸爸……』——掌控型

无法爱女儿的妈妈——赌气型

『我和你妈离婚了，你要跟谁？』——依赖型

一直在等待爸爸认同的四十岁儿子——逃避感情型

妈妈离家了，而我和爸爸是共犯——冷漠型

『没关系，反正我就是没人爱。』——情绪勒索型

自己居然和当年愤怒的爸爸一模一样！——火山爆发型

妈妈是他和太太之间的地雷——放弃沟通型

儿子二十五岁了，妈妈还不准他交女友——代替型

“你去跟你爸讲，他是不及格的爸爸……”——掌控型

他不但是父母的传声筒，还是出气筒。

“你去跟你爸爸讲，叫他不要往自己脸上贴金，有了孩子的男人就要认命。”

“爸，妈她真的很气你。你就帮一帮她啊，干吗这么小气？”初三的孩子，听着妈妈的抱怨，转身对爸爸这样说。

“我小气？你是谁养大的啊？不是我，你能长这么大？你去跟你妈讲，少来这一套。”

太太常不满先生不帮忙做家事，从孩子出生到现在，不论是吃喝拉撒，还是生活习惯的养成，都是她在忙。先生撒手不管，好像这个小孩与他完全没关系。

夹在父母之间为难的儿子

他很苦恼，已经读初三的他，不但要面对升学压力，家里还吵个不停。

妈妈只要不开心，就会突然闯进他的房间，抱怨家里的大小事：抱怨他爸爸多不负责任，薪水不拿回家，贷款催缴，还要晚归在外应酬。

“还有完没完？”其实他没心情面对这些事，学校已经够他忙了。爸爸虽然很过分，但妈妈自己不跟爸爸沟通，一直对他念叨，他也觉得很烦。

但只要他稍微面露难色，妈妈就会指责他：“你长大啦，翅膀硬啦，男人都一个样啦。”此时，他就不得不放下手上的课本，眼睛盯着妈妈，脑袋放空。因为他知道，只要他眼睛盯着妈妈，感觉好像在听，妈妈就不会连他都骂。但有时候，这招也没用。

“天晓得我妈那唠叨不完的烦恼，要到何年何月才能停止？”他没有答案，反倒是只要妈妈说：“你是他儿子啊，你不讲，谁去讲？”他就只能摸着鼻子，去做点什么，只是每一次替妈妈出征的下场，就是让他也成为爸爸的出气筒。

爸爸愈不负责，妈妈愈紧抓不放

他知道外公外婆在妈妈小时候就离婚了，所以妈妈一心想找到一个尽心负责的丈夫，但显然爸爸的表现不符合妈妈的标准。于是，当妈妈愈是害怕爸爸不尽心、不负责时，就愈是事事控制、紧抓不放。

他本来想帮妈妈提醒爸爸，但总是得到爸爸无奈又愠怒的响应："你这儿子吃里扒外啊！你又不是不知道你妈是什么样的人，她就爱自寻烦恼啊。我都已经做成这样，但在她眼里，却什么都不是。好啊，就不要做啊，就让她嫌啊，我早就放弃了。"

他不但两边不是人，还常自责是否把事情搞砸了。因此，他开始像妈妈一样努力地想掌控更多事情，只是他终究无法解决爸妈的问题，他开始告诉自己："我长大后，谈恋爱，找对象，绝对不要像他们一样，明明不适合，却硬要在一起折磨对方。"

我们在原生家庭受的伤

故事里的妈妈曾经因父母离异，让她无法受到健全的照顾，此时的她会在心中无意识地做一些决定：

一、我绝对不要嫁给和我爸爸一样不负责任的男人。

二、我绝对不要像我妈妈那样无助。

当这样的想法在心中生根时，她对夫妻关系是既期待又焦虑的，她不想自己的人生重蹈覆辙，复制父母的悲剧，只是她愈焦虑，愈容易捕风捉影。当另一半做了类似过去父亲做过的事情时，她就会觉得过去的噩梦仿佛又要回来了。**为了抵御这些痛苦的感受，她反射性地开始指责、批评、轻蔑或鄙视对方。**

两败俱伤的亲密关系

此时先生应该理解那是太太本身的焦虑，先不要急着解释或反击，而是应该耐心安抚她，或停下来给她一个温暖的拥抱，对她说："我知道你很担心，很害怕旧事重演，但你现在和小时候已经不同了，你的命运不会和妈妈一样啊。"这样的对话，重要且必要，说个十次、二十次、几百次都不嫌多。

这样保证和安抚的响应，在重要的关系中非常必要；因为原生家庭的记忆痕迹太深，导致太太不安。太太为了预防灾难发生，原本只是想警告、提醒先生"男人要有责任感"，但在心中的警报器大响之时，变成了犀利的唇枪舌剑，让先生难以招架。

当太太指责、批评、轻蔑或鄙视先生时，很容易引发先生的自我保护，而用情绪做出反击的行为又导致沟通不良、两败俱伤。

在亲密关系中，当太太指责先生做了某些让她不愉快的事时，先生通常只是闷不吭声，但心里并不赞同，而太太再指责先生时，先生就会想要反抗，甚至抵死不从。

不过，先生愈是抵死不从，太太的害怕就愈是难以被安抚。

此时，太太愈来愈担心自己的丈夫也将成为不负责任的爸爸，就愈想掌控，但这样愈会把丈夫推往不负责的罪状中。长年下来，身为丈夫，心里会感到无比挫败，这也是可以理解的。一如案例里的爸爸对儿子所抱怨的："你又不是不知道你妈是什么样的人，她就爱自寻烦恼啊。我都已经做成这样，但在她眼里，却什么都不是。好啊，就不要做啊，就让她嫌啊，我早就放弃了。"

当孩子成为传声筒与棋子

对身为夹心饼干的孩子来说，为了爸妈不吵架，很容易就成为家中的传声筒。上述**"父母无法直接面对彼此间的冲突，于是让孩子去传话"是家庭中很典型的互动中的"三角关系"**。这是将其中一名家庭成员当作中间人，觉得他讲话比较能影响对方，或比较好指使，或他比较无害，认为让他出面，可以缓解家人间的冲突。

至于成为传声筒的人，因为接受了父母的嘱托或任务，不但被迫选边站，父母通常还不允许传声筒有自己的想法，因而担任这种角色的孩子通常会在“我有影响力”和“我没办法”之间患得患失。

如果三角沟通成为一个家庭中的习惯，那么，家庭成员之间就更容易“被对方的问题纠缠住”，因为“你是家中的一分子，你不出面，也太没良心了吧”“你一点也不关心，算什么家人！”。

在这样的情形下，我们很容易被家人的话语引出一连串罪恶感，像：

“你应该懂得我很无奈。”

“你怎么不帮帮我？”

“你实在是太狠心了。”

这些都是类似“你不懂事”“你很无情”“你明明知道，却……”的责备与控诉。

这时候，问题就更像缠绕的毛线球，纠葛难解，而**传声筒也很容易成为被操纵的棋子，被指使久了，好像也变成“我应该如此”，背起家中的问题，但却无法真正解决。**

疼惜自己的练习（一）

你是家中的传声筒吗？你喜欢这些请托或命令吗？

如果有一天你累了，想摆脱传声筒的角色，那么你可以试试以下方式。

步骤一：从尊重自己的感受开始

对方让你最难受的反应是失望、难受，说你很无情，责备你置身事外，开口说要把给你的好处都收回等。请写下那些你预期会让你忍不住想出手相助的反应或说辞：__________________、__________________、__________________。

请评估自己对每一句话的承受程度，然后告诉自己：“我不是英雄，我无法解救每个人的人生。”

步骤二：把对方的人生还给对方

鼓起勇气告诉对方：“其实，你可以自己试着跟他讲讲看，说不定这一次的结果不像你预期的那么糟呀。”“你们之间的事情真的好无解，难怪你这么辛苦，那你下次再跟他说说看好了！”“你可以练习自己说说看。每次我去说，他反而觉得我多事，弄巧成拙。”接着，无论对方的反应如何，都请你先按兵不动。

步骤三：增强抵抗力练习

试想对方的哪些反应会让你瞬间失去抵抗力，进而又扛起了传声筒的职责，然后又将解决问题的责任往自己身上扛。

是他可能会不理你、对你叹气、一副很低落可怜的样子，又或是讲话酸你、动用其他家庭成员说你的不是，讨厌你、对你感到失望、表示不再跟你沟通、赌气或冷战等。请写下来。

对方的反应可能有：________________、________________、________________、________________等。

步骤四：暂时搁置的智慧

请你先将步骤三的那些信息搁置着。你别认为自己才是他的救世主，反而应该相信对方有能力处理，即便最后他的决定是要别人去传话，那也是一种处理方式。

这个角色不是非你不可，而且在希望别人尊重你之前，你得先尊重自己的感受。

将对方的人生还给对方，相信对方可以，也相信自己可以，让彼此都可以为自己的人生负责。

无法爱女儿的妈妈——赌气型

她得不到先生的爱，好像也无法爱女儿。

十六岁的她，因为家庭不温暖，所以挺着八个月大的肚子，毅然决然地嫁给了十八岁的他。婆家虽然觉得她年纪很小，但对他们的婚事却乐见其成，而且在她生下孩子后，也将家里的长孙捧在手心上疼。

但之前先生说会好好疼她、爱她、照顾她的这些誓言，却被养儿育女的琐碎家事、孩子的教养问题和经济问题，抛到了九霄云外。

最严重的一次，先生掐着她推到墙边，打她好几个巴掌，她在最想离婚的时候，偏偏又怀上了第二胎。

第二胎是女儿，但她只偏爱传宗接代的大儿子，只要见到自己的女儿就心生厌烦。

“你这拖油瓶，养你浪费钱！”“你绑什么辫子，这么小就在学人家臭美。”“你那什么眼神，少装无辜……”

不知道为什么，当她看着七岁的女儿逐渐蜕变为一个爱撒娇的小女孩，不断黏着爸爸，吵着要跟爸爸出门时，心里就有气。

孩子逐渐长大，但经济上，他们仍然捉襟见肘。

先生愈来愈烦，只要太太又哭闹，跟他吵，他就跨上摩托车，带女儿去池畔钓鱼、抓蜻蜓。先生不做任何响应，常是喝到烂醉，直接倒卧路边，由女儿通知邻人带回家。

她得不到先生的爱，好像也无法爱女儿。她在某个层面上还认为女儿就是他们的小三。

她对女儿又忌妒又讨厌的感觉愈来愈强烈，她甚至在街坊邻居面前抱怨女儿有多坏。

没想到，女儿十六岁那一年，就像当年的她，也因为家庭不温暖，挺了大肚子回来……

我们在原生家庭受的伤

既然小时候的经历这么煎熬，那么为什么我们会复制小时候的伤痛，这岂不是自讨苦吃吗？

当需求无法被满足时，我们是否会否认自己的需求

在我们的成长过程中，稚嫩的时期是非常漫长的。这时候，我们只能仰赖身边的大人，给予我们温饱。但有时自己有需求却不可得的时候，我们会进一步否认自己的需求，告诉自己：

“我不可以想要……（抱抱）。”

“我怎么可以有……（抱抱）的需要。”

“是我不好，是我很奇怪……”

“是我让大人为难了，可是我就是想要……（抱抱）怎么办？”

这些对自己需求的否认，使得外界无法回应自己的需求。我们长大之后，在心里可能仍然有这种想法，甚至进一步认

为“我不值得”“我不配拥有”“我不要对别人有期待”等。

负面的解读，扭曲着自我

长此以往，这些想法会变成对自己、对环境负面的解读。因为正面、直接的安抚在过去的生命经验里太少或者太难得到，更难相信好事会发生在自己身上，像“你好可爱”“你无论如何都值得被爱”“再怎样，你都是我的宝贝”等。**我们长大后，依然觉得自己不值得拥有，甚至可能把别人正面的称赞都变成负面的解读。**例如：

“你好可爱”这句话，变成“你是在讽刺我吧，讽刺我这种行为很可笑，不可爱！”。

“你真的很厉害！”变成“挖苦我，也不必用这种方式”。

这些负面解读，变成自我的扭曲，进而更不能认同自己。

虽然这些负面解读可能让我们在心里有某种程度的难受，但不可否认，这却是我们习以为常、不假思索就产生的想法。

在与女儿争宠背后，是深深的失落与不安全感

为什么我们不自觉地将自己不喜欢的对待方式，加诸别人身上时，却有种快感？

在生命早期，我们是通过别人的响应，而认为自己是怎样的小孩。在我们独立自主以前，若常被负面解读，就容易变成负面的自我认同。例如案例中的状况，当这位母亲对原生家庭没有归属感，于是投入另一个家庭，希望能有新的开始，但却在婚姻生活不如意以及沟通不良的情况下，进而将这种愤恨转移到本该宠爱的孩子身上，与孩子争宠。

她的争宠并没有让她如愿重获先生的注意，反倒让她失去了太太的位置。因为争宠的过程中，她就像一个与其他小孩争糖吃的小孩，她无法面对自己在夫妻关系中无解的不安全感，导致对先生“一心究竟是向着谁”的患得患失心态更加严重，也就愈加对女儿吃醋。

可她愈吃醋，愈不把女儿放在眼里，就愈失去母亲在家中原本的位置。如此一来，也愈将先生推往女儿的阵营。她也一次次从自己身为“妈妈”的母职“角色”跌落为“姐姐”

的“手足”位阶，甚至要爬回太太的位置都显得困难。当她铆足力气、酸言酸语与女儿较劲时，已经下意识地把女儿排除在外，意图将女儿推离这个家。

这些对待女儿的手段，她实在再熟悉不过了。**当我们未能自我肯定的时候，最容易剥夺他人被认同、被接纳的权利。**当年的她，就是在这样的情况下，挺着大肚子离家嫁人。怀抱着梦想，期待有不同的结果，但无法获得。

一段“你给，我收”的失衡关系

因为在原生家庭中仅有极少数的机会，感受过被爱与被肯定，所以长大后不断渴求对方的“给予和付出”，甚至有时候明知对方无法兑现说过的承诺，却依然蒙蔽自己。

“蒙蔽自己”是一种危险的心态，而出现蒙蔽自己的状况，前提是：

“将自我价值和对方绑在一起。”

“认为对方就是自己。”

“对方好坏对错，都要你扛。”

这种心态容易让我们待在一段错误的关系里无法自拔，甚至连认赔杀出的机会都视而不见。

案例里的夫妻关系，是一种“先生猛力给，太太拼命要”的失衡关系。当太太奋不顾身地嫁入这个家时，他们的关系是建立在匮乏的感情基础之上的，这样的状况下，容易形成“贪食蛇—膨风侠”的危险关系。

对于膨风侠来说，他的全知全能是装出来的，一般人一戳就破，一听就知道不对劲。但对于贪食蛇来说，他们往往不假思索地相信。

在急于逃离原生家庭的心态中，贪食蛇是很天真的，于是他们形成了“一个愿打，一个愿挨”的关系，而这正是复制问题的所在。

贪食蛇会惯于“要”，膨风侠会惯于“给”，但他们很甘愿吗？时间一长，失衡的关系就不能再满足彼此，而只剩下习惯和索求。

夫妻关系中的两个人，一方不敢承认自己累，一方不敢承认自己贪心。于是，两人渐行渐远，和谐关系缓慢坏死。

疼惜自己的练习（二）

你最常跟家人赌气的事情是什么呢？例如：

你不相信我有能力，我就做给你看；

你们都不懂我，那就算了；

你们既然要这样，我就通通不要做，看你们会怎样；

你们有什么了不起；等等。

请试着写出来。

____________________，____________________，________________。

在每一次赌气背后，其实都有期待被理解的心情。这些难以言说的生气、不被对方理解的伤心、降低期望后的不甘心，都有我们希望被珍惜和理解的地方。

赌气常常使得我们失去被理解和理解对方的机会。**或许等冷静过后，我们可以想想，我们希望被了解的是什么，我们希望被珍惜的是什么。**

其实，每个人都会伤心难过，处于低潮，不甘心，所以好好照顾、呵护自己是非常重要的，因为“把自己爱回来”是我们自己的责任。有时候，你会发现对自己最残酷的往往是自己。而当我们残酷对待自己时，就容易迁怒或依赖别人，这是因为我们希望对方来修补我们自我破碎的那一块。

你属于你自己，你不需要拿自己的人生去换取别人的爱和肯定。只有先把自己爱回来，你才有能力爱别人。

“我和你妈离婚了，你要跟谁？”——依赖型

他想了一整夜。他究竟是比较爱爸爸，还是比较爱妈妈？

“不要让小孩吃那个，他会生病。”太太一看到先生不知拿什么东西给孩子吃，连忙出手阻止。

“小孩这样吃，才会有抵抗力，我就是这样长大的……”先生挥挥手。

“你如果把他弄生病，我就跟你没完……”太太提高音量。

“我懒得跟你讲话，反正跟你也讲不通。”先生一说完这句话，太太简直气炸了。

从小担心自己会被抛弃

小学二年级时，他的父母离婚了。

他记得那一天晚上，爸爸陪着他睡在双人大床上。

爸爸对他说："我和你妈离婚了，如果你想跟我，就转过来抱我。"

整整一个晚上，他没有合眼。他哭了一夜。

最终他躺平身子，没有转过去。

"我该怎么办？"他其实想了一整夜，他是比较爱爸爸，还是比较爱妈妈？

清晨，他忍不住困意，睡着了。

等他起床时，爸爸已经不在身边了。

其实，他很害怕，而他多么想跟爸爸说："我只是睡着了……"

但他后来也开始气爸爸："为什么你要我选？为什么我只能选一边？"

于是，他跟着妈妈生活。但痛苦的是，他已经失去爸爸了，而身旁仅剩的妈妈，也让他难受不已。

当他渴望能像过去那样对妈妈百般依赖、撒娇时，往往会猛然想起，自己只剩下妈妈了。如果他像原来一样依赖妈妈，妈妈会不会觉得他很烦？他会不会被抛弃？而被抛弃是他最害怕的。

埋藏心中多年的恐惧

他想被好好疼惜与照顾，但心里却又有许多害怕与纠葛，怀着这样的心情长大的他，在婚姻关系里，往往一方面想获得照顾，但另一方面却又鄙视对方。

因此，当他听到太太制止他给孩子吃东西时，他感受到被否定，所以忍不住发怒。他心里的矛盾是，既希望太太能完全照料好家里的大小事，又害怕自己不被认可。一方面他期待太太是好好对他的大人，但又讨厌太太把他当小孩管。

矛盾在心中发酵，变成欲拒还迎的埋怨：

“你怎么什么都不懂，还跟我说什么？”

“我不想跟你计较，因为我比较有风度。”

“我懒得跟你讲话，反正跟你也讲不通。”

这些想法，始终在他心中盘旋着。

他用不成熟的态度和对方沟通，希望能依赖对方，但又批判这个对象，就像他希望对方强大到足以支撑他，又怕对方强大到不需要他。而这也能解释他为什么会需要太太，却又鄙视太太，他将童年时被羞辱和害怕自己不够好的愤怒情绪丢到了太太身上。

童年时的感受，宰制着他的婚姻关系

当他无法梳理情感上的矛盾时，他就会变得很郁闷。他愈郁闷就愈依赖，愈依赖就愈容易被对方的话语所刺激、发怒。而当对方逃开，无处依赖时，他就变得自我贬抑。在这种患得患失的情况下，他很难面对自己，更难在心理上独立。

所以，**当他口口声声说要给太太一个安逸、舒适的环境时，他其实要的是“你给我一个安逸、舒适的环境。”当他口口声声说“我不会对你有任何要求”时，其实是想说“你**

要听从我，不然会被我讨厌”。

这种矛盾的情感在他心里滋生，于是他永远不会选择让他感到舒适、自在的人，因为他最讨厌的人，就是他最喜欢的人。

但太太毕竟是太太，当先生要在如今的夫妻关系里去满足自己童年时受伤且害怕被抛弃而不敢要的依赖心理需求时，注定会很艰辛。

当他说太太需要陪伴，其实是他需要陪伴，但当他说出这个需求，才有陪太太的理由；当他想要人关心，他就说太太需要关心，这样才有机会关心太太，以保持联结的存在感。

但当这些都有了，他不是觉得烦，就是对太太有所怨言。这种矛盾和埋怨的感觉，在太太身上成立，也会让他任性。但从头到尾，他都在处理过去童年卡住的关卡，以及心里想要却要不到的矛盾依赖感。

我们在原生家庭受的伤

我们在原生家庭不能满足的心愿，以及从未说出的需求，在我们踏入婚姻后，往往想在伴侣身上获得。而这个心里的小剧场，牵引着我们怎么跟对方相处。

我不值得别人对我好吗

在一个离异的家庭里，父母往往会更需要确认与孩子之间的关系，但父母通常不会直接说出自己的需要，而会以下列方式来表达：

“你应该听我的话，翅膀长硬了就想自己飞，你把我放在眼里了吗？”

“你都不关心家人，是要让长辈伤心吗？”

“你让我很反感，你这种样子，枉费大家这么照顾你。”

这些话除了表面上的意思，往往还有一些含义，例如：

“你是多余的。”

“养你，已经很不错了！”

“你怎么还有这么多要求？”

在这样的家庭长大的孩子，常常会觉得自己是多余的，一如案例里的他，“我一直在想，我爸妈离婚，是不是我害的”。但当别人对他好的时候，他又会觉得不值得，或自己没有资格，但他心里其实真正的渴求是，他也想像普通人一样，获得关注、被重视、被视为家中的一分子，如此而已。

患得患失的心情

对于某些父母离婚的孩子来说，如果他想倚靠身边的大人生存下去，那么往往会一边察言观色，一边小心翼翼地确保自己在家中的一席之地。

他想讨身边的人欢心，以致失去自己，但其实并没有人知道他要什么。心里非常空虚的他，常常患得患失。他希望获得关注，希望被称赞、被爱、被重视，为了达到这些目的，要他做什么都可以。

他的世界被粉碎了，他得不到适当的关爱，只能压抑地藏着依赖的需求，仰望着别人的目光，被别人的评价喂养。像躲在面具背后的无脸男，隐藏自己，顾全大局，反倒交付自我价值，任人侵门踏户。他压缩自己，不认为自己来到这个世上，理所当然值得好好被爱、被疼惜。

疼惜自己的练习（三）

父母怎么对待你，的确会影响到你成为怎样的大人，以及选择一段怎样的亲密关系。

很多大人在自己的生命里并没有被照顾得很好，于是通过和孩子的互动，弥补着自己过去的伤痛，但这其实会伤到孩子。

例如，有些大人看到孩子有依赖的需求时，他们会担心如果自己对孩子没有影响力，是不是孩子会不爱他们，会觉得他们不重要。当这份焦虑扩散到孩子身上时，就容易出现以下状况。

例如，一位自卑感很重的父亲，当看到自己年幼的孩子做不到某些事的时候，他可能会忽略孩子遇到的困难，而不断夸大自己过去有多厉害。**孩子因此会从父亲身上看到自己的渺小，觉得无法跨越困难，甚至永远比不上父亲，这将复制出一个自卑又焦虑的孩子。**

父母其实无意制造孩子的焦虑，但因为他们无法处理自身的焦虑、依赖心、挫折感和无力感，于是进行自我防御，这反映出父母本身的依赖和不安。

孩子为了保住父母对他的关爱，既让自己生存，也让父母开心，因此大大忽略自己的需求。

当孩子选择让自己活在父母的阴影下，不想表达时，孩子也会更加阴郁，且遮遮掩掩着自己对于依赖的需求。慢慢地，他们开始认为这个世界不安全，对身边的人出现扭曲的想法，甚至**刺伤身边爱他的人，来证明自己不值得被爱。**

这样的无限循环，彼此都很辛苦。

让我们为自己默祷一段充满爱和鼓励的祝祷文。

给渴求依赖的你：

亲爱的孩子，你忽视、遮掩自己的需求，只为他人开心，这真的很令人心疼。

但你是你，一个生下来就独一无二的你，你的存在本身就是一件礼物。请不用畏惧他人的眼光，更不用担忧自己不够好、不够优秀或不够出色。

我们每个人都一样。当我们遇到不顺利的事情时，心里都会害怕，会不敢再尝试，这是很正常的反应。但如果可以，请对这个世界多一些信任，也请试着多相信自己一些。

你要相信，只要是你心里浮现的感受和渴望，就都是重要的，也值得被重视，更值得被好好呵护。

亲爱的孩子，诚挚邀请你将那颗时时关注别人需求的心，转而爱自己。请好好爱自己，这不需要任何原因，只因为你来到这个世界上，那就是一件很美好、很美好的事情。

亲爱的你，或许多年以来，你都认为自己有责任为父母的人生解决问题，你也有责任让他们开心，不让他们失望。

但实情是，我们没有一个人可以负担另一个人的人生，就像没有一个人可以为你的人生负责一样。

所以，你必须将父母的责任还给他们，他们得为自己的喜怒哀乐负责。而当你为自己的生命负责时，你才有可能影响他们。

一直在等待爸爸认同的四十岁儿子
——逃避感情型

他无法尊重自己，因为“尊重自己，就等于背叛父亲”。

当讲师多年，学生常倾心于他的风趣幽默、妙语连珠。但当他回到家，却像个不会讲话的木头人。

“你跟学生谈笑风生，为什么在我面前就变成了哑巴？”

“我哪有？”

“要你开口很难吗？你有什么毛病？”

“砰”，他把门用力一关，转身出去。

每一次，当太太说他有毛病，他就很难受，他也是有自尊心的啊。他到车库开车，头也不回。

不准有意见的男孩

他有个权威的、不准孩子反抗的父亲。每次他只要一提出自己的意见，就被责备。

但最令人煎熬的是，即使他已经认同爸爸的意见，却仍始终得不到爸爸对他的认可。

记得小时候到百货公司，父亲常会问他："你要买哪个玩具？"但往往等他选好玩具时，耳后却传来爸爸的笑声：

"选什么小孩子玩具，你已经不是小男孩了！"

"你应该玩的是这个！"

他一愣一愣地看着爸爸帮他挑的玩具，心里感到有些难受。

后来，当爸爸再问他时，他就不作声了。

他害怕答错，心中猜测着爸爸要他选什么。

没想到过了一会儿，爸爸却不耐烦地跟他说："身为男人，连选个玩具都这么慢，你能做什么大事？"

老实说，他常有被玩弄的感觉，好像无论说什么都错。

他受制于爸爸，但又渴望爸爸的爱。

只是，接受这份爱好难。要爸爸带他出去玩，爸爸却几乎忙得腾不出时间。他往往不知道爸爸哪句话是真的，哪句话是假的，或爸爸比较想听什么话。他时时揣度爸爸的心情，而当他反应太慢时，又被爸爸取笑无能。

长久以来，他躲在爸爸的喜好底下，不敢倾听自己心里的声音。

他也无法尊重自己，因为“尊重自己，就等于背叛父亲”。他认为做人要孝顺，如果做不到孝，至少顺吧！而偶尔看到爸爸满意的神情时，他才能确定自己拿到爸爸手中“是个男人”的徽章。

一句“你还是失败了啊！”最伤人

其实，他知道他想维护的只是爸爸的尊严而已。

他知道爸爸的人生并不顺遂，妈妈在与爸爸结婚后，又回头找她的前夫。

深夜里，爸爸坐在客厅喝到烂醉，对他说：“告诉你，不听我话的人，一定会失败！你也是！”

但是，他听话、表现好，仍然没得到任何好话或肯定，他只会说：“你如果不努力，下次成绩一定会掉下来。”

为了不让爸爸说中，他拼命考上第一志愿的学校。

他永远搞不清楚爸爸的话，真正的用意到底是损他，还是帮他。

就像爸爸常这样嫌他：“你看看你，当讲师那么多年了，你得到了什么？还不是只有兼任，你还是失败了啊！”

这一句“你还是失败了啊！”抹去了他所有的努力。他想向爸爸证明自己的一切努力，好像都成了虚幻。

他以为是爸爸不放过他，但其实不放过他的，是他自己。

他让过往的伤痛一次次在他身上发生作用，他真正担心与害怕的，是自己不被爱、不被认同啊。

我们在原生家庭受的伤

当案例里的讲师长期躲在父亲的喜好底下，关上自己的感官知觉，尽可能避免去感受，一切以父亲为尊的时候，他主动忽略自己的想法，一味照单全收。

爸爸铁口直断地损他，接着又高谈阔论自己的高见，他当下逃避的是自己的不同意和不耐烦。他不是没有自己的想法，只是他顾虑爸爸，于是他把自己的想法藏得很深。他希望当他表现好，且卖力地讨好父亲后，能舒缓父亲心中的苦，他因此也能获得关注和疼爱，但长期下来，这似乎是一种奢求。

男孩承接着父亲内心的愤怒

对一位男人而言，太太离开是一件打击很深的事。当一个父亲无法处理这样的失落时，很容易就将焦点转移到孩子身上。

所以，当他看到孩子无法做出决断，还在犹豫或考虑时，他对孩子说：

"你怎么这么无能？"

"你这样做，一定会失败。"

他将自己与孩子的成就和决定绑在一起，**他将孩子当成**

自己的延伸，无法承受孩子做不出决定的“软弱”的打击。这些都是来自他内心的愤怒，他觉得自己完美无缺，而完美的人，不会有脆弱，所以他看不见孩子的需求、期待需要被协助的那一面。

一对无法爱彼此的父子

两个原本想维系关系的父子，却变成最遥远的陌生人。孩子爱上父亲的完美形象，不准他脆弱，追求和父亲一样的完美；父亲爱上孩子的乖顺听从，不准他做自己，以填补内心的伤口。两个逃避自己的人，他们都没有能力爱上真正的对方，也无法接受真正的自己。

所以，父母必须能有所觉察，当说出：“你应该要……不然你就会……”或是“你看谁谁谁，就因为不听我的话，所以现在……”这些话时，**父母通常处理的并不是眼前孩子的问题，而是他们自己心里的困境，**包括害怕失败、害怕坏事再度发生……

这些害怕也包括：

一、他从小遇到事情不如预期而不知所措时，没有大人在旁边帮他分析。

二、他害怕孩子比他高明，那么，他可能会被取代／不被敬重／觉得自己没有用。

三、当孩子能接纳他的建议时，他有一种复杂、忌妒的心理，一方面为孩子高兴，另一方面又想起过往的缺憾和伤口，进而给孩子另一道难题。

其实大多时候，我们在各种关系中会与对方较劲，跟对方过不去，都是因为我们想要回一些东西，例如尊严、被爱、被重视等。

这种状况若延伸至夫妻关系，就很容易演变成：先生像个闷葫芦，什么都不肯说，就像很多太太都抱怨老公“婚前很会讲，婚后像哑巴”。**太太追着先生，频频要先生开口表态，那是因为太太想要回一些关注和爱。但要讲真心话好困难，表达自己心里的真实需要也很不容易，所以太太宁可酸言酸语刺伤对方。**

其实，不讲话的先生多数是不想袒露自己的脆弱。对他们而言，把脆弱交出来是一件好可怕的事情，因为他们害怕一旦表达脆弱，会显现出无能。

其实，这世界上没有人完美。能使我们真正活着的，绝不是只有好看的那些，也包含那些丑陋、肮脏、羡慕、忌妒、哀伤、困惑的部分。这些情感是通往内在的重要道路，当父亲无法接受自己的脆弱，就容易将这些阴暗面丢到儿子身上，来维护自己美好的那一面。

孩子的配合演出，完美地复制着爸爸脆弱、逞强又压抑的样子。而孩子不会发现那些鄙视、小看他的话，其实大多数是爸爸讲给自己听的。

疼惜自己的练习（四）

亲爱的孩子，我想对你说，这样不断讨父亲欢心，却始终得不到父亲认同的你，真的格外令人心疼。

请试着拾回你自己的感觉与情感，你可以尽情地哭、尽情地笑，你不需要感到难为情，因为没有人可以要求你漠视或逃避自己的感受与情感。

请记得你是值得被珍视的，你的愤怒、你的伤心、你的痛苦都值得被理解，这些也是每个人的身上都会有的。你不用像小时候一样伤痕累累，才能搜集到过关的荣誉勋章；更不用赌气逞强，才能证明你够好、够行。你沮丧、处于低潮的姿态、无奈与叹息的样子，都是自然的，且会发生的。

找回这些姿态，接纳这些样子，完整了自己，也才能真正爱自己、爱别人。

妈妈离家了，而我和爸爸是共犯——冷漠型

“是爸爸把妈妈逼走的。”如果不这样想，那么逼走妈妈的就是自己了！

小学四年级的某天放学后，妈妈抓着她仓促地说了些话，她没有听得很清楚，只觉得脑袋闹哄哄的。接着，妈妈拖着大大的行李离开了家，从此没再回来，这是一段她想都不敢多想的记忆。

如今念初中的她，在课堂上，老师拿着考卷，在她面前挥了挥，充满怒气地骂着，但她没有感觉。没想到，老师一情急，突然将考卷丢向她，她霎时觉得有趣，忍不住笑出声。

老师觉得她无可救药，失控地在走廊上对她大吼大叫，罚站，不准她进教室。最后老师摇摇头，朝她丢下一句“你没救了”，就消失在了人来人往的走廊。

罚站的时间很长，她的双脚也几乎麻了。

对于老师的责骂，她早就麻痹了，而她喜欢麻痹，麻痹多好，她终于不用一直想着“妈妈究竟会不会回来？爸爸好难相处……”这些令人窒息的问题。

觉得自己活该的女孩

“吃饭没？”烟圈一朵朵，爸爸坐在他的旋转椅上，没有回头。

“嗯。”她回家后把书包一丢，不想多说话。

“赶快去洗澡。”爸爸敲了敲手中的烟，灰烬掉落。

她往沙发上一躺，不想做任何事。

真可恨，世界上就剩下她跟她爸爸，但她宁可自己一人，就算世界只剩下蟑螂和她都好。她不要这令人生厌的爸爸。

“是爸爸把妈妈逼走的。”如果不这样想，那么逼走妈妈的就是自己了！

她不记得妈妈离去前交代过什么，却对父母最后的冲突记忆犹新。那一次，爸爸吵不过妈妈，就使劲狠推妈妈的头去撞墙。隔天，她也把妈妈激怒了，所以，她和爸爸是共犯啊！

他们是父女档嘛，同时都有留不住温柔的性格和激怒别人的基因。

她觉得自己活该，逼走妈妈的下场，就是身边只剩下“整天与台啤、弹珠台为伍，怨天怨地的父亲”。

我们在原生家庭受的伤

当父母在婚姻里受挫时，孩子是无法逃脱这种氛围的。

父母容易将婚姻问题转移给孩子

家族治疗大师莫瑞·包文（Murray Bowen）曾经提及“家庭关系中的三角化模式”，意思是“当父母一方有压力，回家的时候会不自觉地感染另一个人。例如爸爸回家，妈妈看到他脸色很难看，他爱说不说，母亲会感觉到他有压力，这时压力就传给了妈妈。而**当孩子回到家，感受到父母之间说不出的压力，以及妈妈的烦闷，此时孩子自然而然将这份压力承受**，于是我们很容易看到一对沉闷的父母和焦躁的孩子”。

这是家庭关系中“三角化”很典型的情况。如果这个家庭持续以孩子作为化解的方式，孩子就容易产生一些症状，而当父母愈焦虑，就愈容易加强孩子的症状。

在夫妻不睦的时候，无论有没有离婚，孩子都很容易在过程中吸收这些焦虑，进而定位自己在家庭中的角色。

孩子也很难从中发展出自我，并找出对自己比较好的选择。

孩子将父母的问题揽到自己身上

孩子很难从中学习到夫妻相处之道，因为他们从小得安抚爸爸或妈妈，并将家庭和谐的责任无意识地揽到自己身上。这样隐形的沟通模式，让父母意外地将孩子拉入自己婚姻不睦的战场。

这个征战不是一朝一夕产生的，可能是从小就明示、暗示了。例如，当父亲对孩子说："你跟我长得比较像，所以你应该也像我的个性一样，很谨慎。你不要像妈妈那样，神经很大条。"或常常带孩子做另一半规定不能做的事情，如偷偷买玩具给小孩或在小孩面前责骂另一半，**像这样破坏夫妻与孩子界限的做法，很容易让孩子从中产生恐惧感。**

当孩子想拯救父母的问题

当夫妻双方在争论谁是谁非时，孩子能感觉到其中的角力，因此无法聚焦在自己的成长上，反而会努力地想拯救这个家庭。

一旦夫妻无法处理好婚姻关系，他们又对着孩子讲婚姻里的痛楚时，那一刻，他们反而就像需要帮助的孩子；但下一刻，当孩子不听管教时，却又变成指责孩子的严苛父母，甚至有时还会对孩子说："你怎么这么坏，让我失望透顶了。"**这种传递失望的方式，言外之意是"我的痛苦是你造成的"，以及"你也是造成我痛苦的来源"。**

当孩子难以消化这些控诉和指责时，他们就容易自我放弃，或养成过度压抑的性格。而当孩子选择不看、不听，不想管也不想理的态度时，为了生存，他们容易变得无感，不愿意再多听，或多为对方着想。这种仿若切断神经，隐瞒自己对事情的看法和态度，就像掐住自己的咽喉，让自己失声，只为了从父母双方互相指控及控制的战局中抽身而退。

疼惜自己的练习（五）

其实，**无论是父亲或母亲，当他们任何一个人离开时，都不是孩子的错。**

以案例里的女孩来说，她的伤痛很严重，但当年若有人可以陪伴在她身旁，告诉她："这不是你的错。"那么或许女孩不会将伤痛的沉重包袱一直背在自己身上。

所以，**当父母有争执时，身为孩子的我们，不妨想一想，自己在父母争执中的处境，并试着以局外人的角度来观看这场战局，或许可以更清楚自己的状况。**

如果我们不能处理好自己的情绪，就很容易将情绪投射到别人身上。这是一种自我保护，因为这样我们就不用自我责备又做不好了，反而有立足点去指责别人做得不够好。我们通过踩着别人的错误，来证明自己很不错，如果对方依据投射配合演出，那么情况就会变得更复杂，这样的情况叫作“投射认同”。

投射认同是指我们将感受、需要或想法，在无法消化或者压抑下来的同时，下意识地交给了另一个人。这种心理上的交换，就是将心里的自我切换到外面，所以我们在别人身上看不顺眼的、讨厌的，都可能是我们自己的一部分，也是我们无法忍受的特质。

夫妻双方都必须重新接受那些被投射到对方身上的事物，并且为它们负起责任。这意味着，两人都必须学会体验那种矛盾，接受对方的好与坏，同时理解这些矛盾都是一个人内在的一部分，而不是完全切割，认为只存在于对方的身上。

请你想一想，或许也可以写下来：

你最无法接受对方的是什么呢？通常是什么时候、什么状况下会发生？是否你发现自己身上也有这些特质呢？

______________，______________，______________。

当新的一天即将展开时，请写下来，今天的我想与昨天有何不同。

有哪些关于过去的想法或经验你想留在昨天？而你对今天又有哪些想法与期待？

______________，______________，______________。

你需要给自己多一些安静，好让你沉淀浮躁的思绪。

你需要给自己多一点拥抱，拥抱那曾经无能为力的自己，拥抱那曾经对自己失望或感到无助的自己。

或是找一位你信任的朋友，对他诉说你内心里的这些声音。

“没关系，反正我就是没人爱。”——情绪勒索型

在华人文化的生活里，我们往往被教育：不要跟别人辩驳，要忍让，要牺牲……而这些特质更助长情绪勒索的发生。

“老婆，我今天可能会忙到很晚，先跟你说一声。”

“是啊……你的唱片事业最重要，尽管去大红大紫啊，反正家庭不重要嘛。”太太一脸不满地说。

“我这样拼命，难道不是为了这个家吗？”

“没关系，反正我就是没人爱，我条件这么好，也不是非你不可……”

他实在受不了太太。有时候，他会赌气地跟太太说：“不然你去嫁给你说的那个人啊！”

结果太太瞬间一把鼻涕一把眼泪，哭个不停，他只好不断地好言哄着。

虽然老是安抚太太让他不免有些抱怨，但他却下意识地认为自己“真能干”，“居然可以把这么难搞的人，应付得这么好”，以及“太太这种人只有我才能处理得来”，甚至他还享受着一种“太太永远猜不透他在想什么”的乐趣。

常觉得自己不够好的男孩

其实，这种感觉他并不陌生。

他的爸妈常对他说：

“你对爸爸讲话怎么这样？”

“我们家常被瞧不起，你都没想过我们为你承受多少，你真不知感恩。”

“你身为晚辈，就不应该……”

“反正你长大了嘛，有自己的意见，你想的都对。”

“你不按照我的意思去做，就是不孝。”

“养你这么大，有什么用？”

“你看人家隔壁老梁，儿女多孝顺，不但跟进跟出，过年红包也好大一包。”

“我做这么多就是为你好，不然你走啊，丢下老父老母，走啊……”

他很不喜欢这样，父母的每一句话，一方面把他贬低得一无是处，另一方面又感觉到自己做不好的罪恶感。

于是，他常感到自己不够好，觉得是自己的错，才会被嫌弃。但因为说话的人是父母，他也不能说什么，因为说了就好像自己是一个很爱计较、很不像男人的人，而且更可能又会被挑剔、被瞧不起。

我们在原生家庭受的伤

在华人文化的生活里，我们往往被教育：不要跟别人辩驳，要忍让，要牺牲……而这些特质更助长情绪勒索的发生。

让人难以逃脱的情绪勒索

什么是情绪勒索？对情绪勒索者来说，他们对于自己成长经验或生活中的沮丧、无力、没有能力面对与处理，常用卸责的方式将无法消化的沮丧、无力往外丢，抱怨别人做不好、做不到、不会想等，试着制住被勒索者。

也因此，他们不太在乎消耗他人，也不珍惜别人为他的妥协和牺牲，甚至认为对方是应该的、欠他的。如果对方不从，他们就羞辱对方，甚至声泪俱下，袒露弱处，以达到"要别人来解决自己人生困境"的目的。

第一位提出"情绪勒索"一词的学者是苏珊·佛沃（Susan Forward），她以FOG（迷雾）一词来表示以下三种状态——恐惧（Fear）、义务（Obligation）、罪恶感（Guilt）。被勒索者常莫名其妙地被要求付出，他们感到无助，但却不晓得该怎么逃脱。

他们害怕伤害对方的情感，或者让对方难过，但从没想过对方加诸在他们身上的是一种慢性毒物。最糟的是，当你提出抗议和反弹时，还会被说：

“当初也是你自己要做的，又没人逼你！”

“哎呀，一个愿打，一个愿挨，你就多担待一点啊！”

“你以前都可以接受，为什么现在不行？”

这些话，往往让被勒索者更难以摆脱。

什么样的人特别容易被情绪勒索？通常有以下五种人。

一、**自卑的人：**自卑的人，也是渴望被对方认同的人。只要对方一对你不满，你就会放下自己的事，全心全力让对方开心。

二、**过度负责任的人：**这种人常认为凡事都与自己有关，只要对方说是你的错或你也有责任，你就会将责任扛过来，但其实那根本与你无关。

三、**贬抑自己的人：**这种人常因为别人的轻蔑或鄙视而痛苦，所以只要感受到一丝丝被贬抑，他们就觉得自己很差，并且认为“是我没用，是我不够好”。

四、**习惯压抑的人：**这种人不喜欢吵架，他们凡事忍让，也认为自己不应该大动肝火，所以宁可以对方为主，希望大事化小，小事化无，最后相安无事。

五、**过度同情他人的人：**这种人有泛滥的同情心，认为人溺己溺，所以让对方一下又何妨，但这一让步，可能被软土深掘，从此就很难脱身。

他们的共通点就是“用妥协的方式让对方高兴”，殊不知勒索者并不会因此善罢甘休，他们会愈发予取予求。

七个步骤，摆脱情绪勒索

情绪勒索者普遍存在于你我的生活里，当他们得不到他们想要的，他们就会控诉对方对他们不好、不爱等等。因为他们的自我是破碎的，所以他们永远都觉得自己不被爱、不被尊重，但其实最终的问题与关键都在他们自己身上。

如果我们是被勒索者，那么，我们可以依照以下七个步骤调整我们与他们互动的方式。

一、**看穿勒索者永远是无法被满足的**→以减少我们付出更多。

二、**停止继续喂养勒索者**→先撤回关爱，看对方的反应，你就会知道他是在乎你是否累了、过度负荷了，还是只要你无条件地持续掏心掏肺，只为了维护他的舒适圈。

三、**承受一段时间勒索者的抗议和控诉**→这段时间可能有点长，你或许也觉得有点难受，但总比你一辈子被勒索来得好。

四、**关起耳朵和感官**→人生还有其他事可以做，所以先暂时离开现场，并且不要被他的控诉影响。

五、**漠然，不接受利诱**→勒索者通常会在控诉和利诱两者之间不断转换，而且这个转换会反复，你可以将自己与他们再拉开一段距离，观察他们。

六、**建立新的联结**→在这个步骤里，你要假装听不懂勒索者的言下之意，然后增加自己内在自我的强度，不要再度被情绪化的指责、鄙视或突如其来的称赞给拉扯住。

七、**拿回应有的自尊**→你来这世上不是让人如此对待的，请记得不解释、不反驳、不随意道歉。

疼惜自己的练习（六）

在我们的文化里，“当好人”也很容易成为被情绪勒索的对象，你是以下这几种人吗？请勾选出来。

□对于重要的人提出的要求，要照单全收，否则我就是个糟糕的人。

□因为害怕冲突，不喜欢争吵，所以总是息事宁人。

□我需要对方肯定我，否则我就是个不够好的人。

□如果我不帮他，我会被到处批评、被说坏话。

□如果我不帮他，他会生气，或闷不吭声来抵抗我。

□如果我不帮他，他会活不下去。

□如果我不帮他，他一定会很惨。

□如果我不帮他，他会鄙视我，对我失望，我无法承受。

□如果我不帮他，他一定会觉得我很小气，但我自认是大气的人。

□我的能力这么好，他的事情，我非处理不可。

□我不应该对一个这么软弱的人发怒，这样有失我的格调。

□他都已经开口提出请求了，所以我应该帮忙，没有什么是我做不到的。

□跟他争论真的很累，我还是赶快屈就服从，省事又省时。

□他很不可理喻，还轻视我，那么我就一鼓作气做给他看。

□做人就应该退一步想，不要跟人家争，能多做就多做。

□我这人不容被质疑，只要被怀疑，我就要证明给对方看。

□我要证明给你看，我不是你讲的那样，我才不要被你说中。

□我已经这么努力了，他应该有感觉吧！他应该会改吧！

如果你勾选了七项以上，那么请收起你的同情心，因为此时该是把责任还给对方的时候了。

也许，我们每个人都有自己的问题，而帮助情绪勒索者最重要的是，让他们有机会整合破碎的自我。我们无法阻止他往外丢出那些不实际的控诉，但是我们可以停止接住这些想法。

停止对方对你予取予求的练习

请就案例里的状况，来做以下练习，请你在“内心想法”的地方揣测太太（勒索者）心里真正想表达的内容，并写下来。

例如：

一、“是……你的唱片事业最重要，尽管去大红大紫啊，反正家庭不重要嘛。”

内心想法→你这没良心的人，居然敢以自己的事情为重，辜负我、这个家，你真是太糟糕了！

二、“如果你不来载我，就是没良心！”

内心想法→你本来就有义务对我好，只要你拒绝我，就是没良心、很失败。

三、“对，我疯了，人家老公都可以做到。我就是瞎了眼，才会嫁给你！”

内心想法→我管你要干吗，别人可以，你也要可以。你就代表我的面子，你行，才代表我很强；你不行，就代表我很糟。

四、“没关系，反正我就是没人爱，我条件这么好，也不是非你不可……”

内心想法→ ________________________________。

五、“如果你对我真有心，为什么做不到？”

内心想法→ ________________________________。

六、“反正你们长大了嘛，有自己的意见，你们想的都对。”

内心想法→ ________________________________。

七、“养你这么大，有什么用？”

内心想法→ ________________________________。

八、“你看人家隔壁老梁，儿女多孝顺，跟进跟出的，过年红包还好大一包。”

内心想法→ ________________________________。

九、“我做这么多就是为你们好，不然你走啊，丢下老父老母，走啊！”

内心想法→________________________________。

十、你在生活中常听到的情绪勒索语言：__________________________________

内心想法→________________________________。

当你写完，请你把“内心想法”里的内容撕掉，并且告诉自己，尽可能忽视你揣测到的信息。

面对情绪勒索者，你的反应愈快，愈自以为聪明，就愈容易掉入这种进退两难的陷阱。请记得，装作听不懂，并不断重复：“我不同意你说的！”“你说的只是你认为的。”

然后，想一想自己心里哪一个部分被触动了。整理好自己，增加内在自我的强度，才能面对这种无赖又无理的控诉和指责。

自己居然和当年愤怒的爸爸一模一样！
——火山爆发型

他活得小心翼翼，因为害怕违背父母的期待或要求，一旦违背，就会导致自己不被喜欢、被排斥，甚至被抛弃。

“你真的很奇怪，连外面餐厅的餐具、桌椅也要擦成这样。这家餐厅明明就很干净啊。”先生受不了太太一进餐厅就拿纸巾擦个不停。

“外面的餐厅当然都是脏的啊，里头有多少细菌都不知道。如果现在小孩不养成好的卫生习惯，什么时候才养成？来，小杰，手伸出来……”太太丝毫不理会先生的抱怨。

小杰正想伸出手，但当他看到生气的爸爸时，犹豫了起来。

没伸出手，妈妈会不满意，但伸出手，小杰也很害怕，因为他见识过爸爸在外隐忍怒气，回家后动手打人的模样。

左右为难的男孩

小时候，当他一不从妈妈的愿，就会被妈妈指责："你这小孩怎么这样？"但爸爸却会转头对他说："你别听她的，你妈不过是一个自以为是的女人！"

他看向右边的妈妈，又看向左边的爸爸，他不知道自己到底应该听谁的，他多希望自己不需要做这样的决定。

他觉得从来没有人关心过他是怎么想的。在父母的角力中，他很害怕冲突，也很害怕父母对他的指责。他无法承受父母摇头、对他失望的样子，所以他一直很努力上进，极力排除这种感受。

总是夹在父母中间的他，对于父母之间的冷嘲热讽，虽然已经习以为常，但对他们不断的冲突却感到厌烦。

矛盾、压抑的男人

当他渐渐长大，他期许自己能常讨女友欢心，但当女友对他有所要求的时候，他心里却有一个很大的矛盾，也就是

“一方面想满足女友，但另一方面却又害怕被女友控制”。

他常常压抑着自己的怒气，想处理自己说不清楚也讲不明白的烦闷，但却非常困难。他忍着不说，因为他想当一个有风度的男人。

在一次出游中，女友要求他洗完手脚后再上床睡觉。他瞬间觉得女友在排斥他，嫌他脏，他油然而生一股莫名的怒气，想起当年妈妈嫌爸爸的情景，他站在床的那一头，失控地对女友怒吼：“我有多脏？你又有多干净？”

他猛一回头，看见女友惊吓、无辜的脸，才发现自己居然和当年的爸爸一样失控。

我们在原生家庭受的伤

夫妻之间的日常生活通常不像童话故事中的幸福、美满，有时甚至常常让人感觉一下在天堂，一下在地狱。

曾有人说：“男人因为害怕被女人放到子宫里控制，所以给女人一个孩子，让女人去忙。”一个男人挑剔女人、嫌弃女人，其实有时是源自过去被母亲叨念、被母亲要求时的回击；而有时候是希望女人可以为他所控制，永远崇拜他，不要嫌弃他。

若是表现在性方面，被叨念的男人常感到自己表现得不够好，为了不让女人有机会嫌自己，就不给女人性或性高潮；而女人，为了不让男人得逞，就在生活细节中有更多的掌控，例如环境的整洁、孩子的一切等。双方都对彼此不满意，自然也无法面对这样失焦的沟通。

而当这样的状况呈现在管教孩子上时，就会变成“谁比谁行，谁能控制谁”的优越感之争，也可能延续战火，变成谁比较会笼络孩子、孩子比较听谁的话。在大小纷争中，不断让孩子选边站，让孩子为难。

当孩子成为夹心饼干

家族治疗大师卡尔 · 华特克（Carl A. Whitaker）曾说：“在婚姻关系中，会遇到许多过渡时期，这些过渡时期往往让夫妻双方都难以招架。触礁时，他们如果不是一起成长，就可能是渐行渐远，从来没有中间路线。”

当夫妻失和的时候，家庭里的规则就容易有两个标准，甚至有更多意见在其中干涉着。

我们先排除公公、婆婆的介入，单独讨论夫妻间的立场不一。例如：一方常以训斥的方式对待孩子，另一方却反对这样的方式。在这样的状况下，孩子其实是非常两难的。有可能最后培养出“异常听话，却无法独立自主”的孩子，或“异常不乖，让父母身心俱疲的孩子”。不过，这两种类型的孩子也可能同时出现在手足之间，其中一个特别听话，另一个却特别叛逆。

但是，**这两种类型的孩子都有一个令人心疼的共同点，就是他们都在帮助父母解决父母之间失和的问题。**

在孩子的发展中，他们会经历两个“自主的阶段”。第一个是三到六岁，他们开始事事想要“自己来”，学着父母的日常动作和习惯，这与他们想突破自我有关。也由于三到六岁的孩子正处在学习“判断是非对错”的阶段，所以若他们有和谐的父母，自然就可以学会哪些事情可以做、哪些事情不可以做。

至于失和的父母，因为他们常将心力放在另一半身上，所以无法注意到孩子需要的引导，甚至我们还常看见当一对夫妻在争执谁对谁错时，他们反而回头问孩子的意见，或要孩子立刻选边站。

父母瞬间变成了孩子，孩子变成大人或家庭中的法官，但事实上是没有实权的人质，最终只得沦为家庭纷争里的傀儡，因为他们根本还没发展出健全的自我。

无法活出自我的孩子

这种类型的孩子，他们的情绪常常与父母的情绪混淆在一起。他们做事时，很难想到自己的心情，更遑论想到立场和权益。

某些孩子，性格较为优柔寡断，很容易把别人的事当作自己的事来处理，从不考虑自己的感受或需要。

他活得小心翼翼，因为害怕违背父母的期待或要求，一旦违背，就会导致自己不被喜欢、被排斥，甚至被抛弃。

孩子的第二个自主和建立规矩的阶段，大约是六岁时，此时的孩子已经可以听得懂一些道理，所以建议父母在教导这个阶段的孩子时，必须对孩子解释清楚“为什么这件事不可以做”,而不是只情绪化地说:“你为什么要让我失望？”“我不要你了！”“你不是我家小孩……”这种模糊的信息。

这种训斥的方式，会让孩子待在罪疚感里，他们只知道自己让父母不高兴了，但却无法以客观的信息来理解他们做错了什么事，以及父母为什么生气。

当孩子无法消化这些内在的困扰，他们的反弹有时会反映在生理上。例如，我们会看到“震怒型父母”，他们往往有“咬指甲、尿床”的焦虑型小孩或“火山爆发型情绪化父母”，有着“常常体弱多病”的孩子，这些都是在父母失和的状况下延伸到孩子身上的问题。

疼惜自己的练习（七）

面对伴侣，我们总希望自己在对方眼里是一个可以沟通且深爱对方的人，但为什么面对我们最爱的人，我们有时却会突然发脾气，且成为尖酸刻薄、口不择言的人？

请制作一本“真话笔记本”。

其实，每个人的每一种心情都是很重要的，无论是沮丧、愤怒或忌妒等，这些心情都有产生的原因，每个人也都渴望被懂、被理解，以及最重要的——被接纳。

所以，当伴侣说出让你伤心或愤怒的话时，请把它写在“真话笔记本”里。

例如：当你听到另一半说你很糟，你想回应：“你才糟吧。”请把这句话写在“真话笔记本”的第一句。

____。

接下来，请你想一想：

Q：为什么当另一半说你__________________时，你会如此生气？

A：因为你想到，“他 / 她是在嫌弃你，觉得你不够好”。

Q：为什么另一半说你不够好的时候，你会如此生气？

A：因为你觉得这是一种耻辱，很像被看作次等的、低劣的。

Q：当你被看作次等的、低劣的时候，为什么会如此生气？

A：因为你觉得很难受，才发现自己原来在另一半眼里竟是这样的人。

所以，当你感到难受、被贬低的时候，就会非常生气。

准确地说，应该是"虽然你表现得非常生气，但其实是当你被心爱的人嫌弃时，心里感受到巨大的难过与痛苦"。

"真话笔记本"的功用就在于此，它帮助你整理这些"反应"背后的"真实心情"。

你可以从最近的一次难受或受挫折的经验开始记录起：

当他说我 ______________________ 时，我的直觉反应是 ______________________。

Q：为什么当我听到 ______________________，我会 ______________________。

A：因为当我听到 ______________________，我感觉

__________________________________。

Q：为什么当你听到____________________，你感觉____________________________。

A：因为我觉得（不被重视、不被爱、不被喜欢、被嫌弃、被贬低、被排斥、被觉得无能）__________，我感到很（难受、失望、受挫折）__________________，所以我__________________________________。

Q：原来你是因为____________________，感受到________________，所以你选择________________。其实，你最想被对方了解的是________________。

A：______________________________________。

其实，伴侣之间常会有彼此误伤的情形，有时候是基于过去父母的响应，有时候是怕自己不够好，但**唯有回归到自己身上，“找到自己的引爆点”，以及“引爆点背后的难受心境”，才有机会让伤痛被看见，以及被疗愈。**

请记得，“自我”来自你自己，来自你对自己的看法与评价。

别人的意见或看法，请仅止于参考，别将他人对你的看法像标签般牢牢贴在自己身上。

因此，当他人对你说“你很棒”，固然值得你开心，但当他人对你说“你很糟”“你真没用”时，也别因此否定自己。

妈妈是他和太太之间的地雷——放弃沟通型

他没有发现的是，自己一辈子都在当妈妈的侍卫。

“你看看你，多糟糕，只是洗个碗，你都没洗干净！”先生刚下班回到家，就听到太太噼里啪啦的抱怨。

“就只是洗个碗，需要这么大声吗？”

“为什么不能讲？你妈是怎么教你的？”

听到她归咎于“家教”，他转过身去，丢下这句：“随便，你要这样讲，我不想再讲了！”

每一次，太太只要与他吵架，就会说起他妈妈，这让他非常反感。

太太这样讲他的妈妈，他觉得很丢脸

他很清楚母亲的为人。身为儿子，他从来不准任何人轻视他妈妈，他觉得妈妈的辛劳都是为了他们。

而身为次子，妈妈也常对他耳提面命："我当时不离婚，就是为了让你们有个完整的家，以你爸爸那种个性，谁受得了！"

的确，当年消极、愚孝的爸爸，默许自己的母亲每天冷嘲热讽地对待一个刚嫁进来的年轻女人，遇事都挑剔"媳妇什么都不会做"。若不是妈妈咬牙坚持下来，那么，他相信他和哥哥不会如此优秀。

所以，他不能容忍别人讲他妈妈，而且"太太这样讲他的妈妈，他觉得很丢脸"。但他没有发现的是，自己一辈子都在当妈妈的侍卫。

也许，母亲承受的苦成就了他，更成功地成为他生活的动力，但也成为他在太太和妈妈之间进退两难的地雷。

我们在原生家庭受的伤

我常常会接到夫妻咨询，如果其中一方说不过对方，又无法举出例子，说明“他有多差、他有多糟糕”时，往往就会把对方的家人一起拉进来。

“我跟你讲，在他家，他爸也这样，他妈也这样，所以他们一家人都见怪不怪，就我最怪……”

其实，说的一方有时可能只是想打圆场或想举例说明，但在关系紧张的夫妻之间，却可能变成罪加一等。

因为在被说的一方耳里，听起来不只是酸溜溜的，简直是火上浇油。

把家人拉进来，容易让争吵失去焦点

“你的意思是，我们一家都没救了吗？”

“你扯太远了，我不想讲了！”

在夫妻的争执中，“把长辈拉进来”和“翻旧账”一样，都最容易让争吵失去焦点。因为不但自己被责骂，还牵连到自己的家人，这样的状况，让对方更容易把心关闭起来，不愿意再多做解释。

请想想，当太太说：“我跟你讲，你再这样，我就跟你爸讲。”先生也不甘示弱地回应：“你去讲啊，我也去跟你妈讲，你有多难伺候。”这样不成熟的行为，凡事还要拉爸爸妈妈来担任判官，判决谁对谁错，不但让婚姻中两人的冲突延烧至两家，容易陷长辈于不义，也显示这对夫妻的不成熟。

试想，当长辈被赋予法官的职责，非要判断出你对我错，或是当和事佬时，其实很难平息夫妻之间原本的争执。毕竟清官难断家务事，更何况冰冻三尺，非一日之寒。

有时候长辈怕太偏袒了自己的孩子，所以就说通通是自己孩子的错；或者长辈怕对方予取予求，于是为自己的孩子讲话，想缓解，但在另一方耳里，听起来难免觉得有些偏心；有些长辈决定不涉入其中，这是最佳的做法，但最容易引起晚辈的怨怼。

夫妻回避冲突，却无法真正解决问题

不过，当我们将各自的爸爸妈妈拉进来，并急于找人来评理时，这到底是帮忙，还是帮倒忙？

当我们吵不过对方，于是要跟对方的爸爸妈妈讲，可能是觉得：

“眼前这人没救了，他的家人也许比较容易说动他。”

“觉得自己比较有理，对方的爸妈也许会支持我。”

“希望通过长辈的压力，让对方接受。”

但**这样的沟通，其实反而会破坏彼此沟通的界限，容易造成“让对方感到更不被信任和不被尊重”，以及“感到被施压，所以反而更不愿意让对方如愿”。**

如果对方在被施压、不被信任，也不被尊重的状况下，那他就不可能依你的想法去做。当关系已经很紧绷，好像一触即发，此时再扯进双方的长辈，也许一时之间可以转移或缓冲彼此的冲突，但并没有解决问题。回避冲突的结果，让本来是两人的征战，变成一群人的搅和。

夫妻之间有吵不完的家事分工、金钱分配、价值观、性需求的满意度、对养儿育女的态度和信念、生活质量的要求和最低限度等，有太多层面可以意见不合，往往需要两人不断沟通、协调与磨合，并不是长辈出面就能解决的。

在我的咨询实务经验中，一如案例里的夫妻，“神经质母亲—消极型父亲”是一种很常见的夫妻配对，不过，有时候反而是相反的。

总之，就是其中有一方特别有能力，且事事要求完美。他们尽可能让自己很杰出，并且也希望别人能够看到他们很厉害。他们独立且自豪，将很多事情处理得很妥当，甚至也喜欢安排孩子的生活。

消极型的人则是有一种消极、放任的心态，他们对任何事情都不会太在意，但当与伴侣发生不愉快时，在情绪高涨的状况下，他们更容易选择去做自己的事情，以隔绝一切，或默许冲突发生，并离开现场。

于是，长久下来，一方有愈来愈多的神经质和控制，另一方则愈来愈倾向离开现场，并表现出一副无所谓的样子。

摆脱父母在自己身上的烙印

当孩子身在其时，容易因为认同的关系选择自己认为有道理的一方。

有些孩子认为无作为的一方很有风度，羡慕他怎么样都不发火，那么，他可能就会成长为一个面对冲突时，选择逃离现场的大人；而有些孩子则是心疼神经质的一方，事事求完美，扛下许多责任，那么，他可能会变成扛责任的一方。

不过，无论你认同谁，这都是我们已经下意识选择的。**当对方指责你或你的父母时，请冷静观察有哪些是你的过度反应，又有哪些是你想捍卫的，**适时地与对方沟通，才不会让过往父母相处的阴影烙印在你的身上。

疼惜自己的练习（八）

当我们变成家人的眼中钉时，我想没有人心里是好受的。而以案例里的先生为例，当太太又提到自己的妈妈时，**他能做到的是，学习不将问题过度延伸。**

认知心理学家贝克（A. Beck）提到我们一般人面对问题时，常常会出现八种扭曲的状况，这会让我们将问题不经意地扩大，不但自己吓自己，而且对世界也会感受到许多不安全感。

你是否也有以下状况呢?

一、二分法思考（Dichotomous thinking）：认为想法只有好和坏、成与败、对与错，**这种是非分明的分类，少了弹性和中间地带。**

例如：我婆婆很讨厌我，想必未来的日子我一定会很悲惨。

→虽然婆婆对你不是很满意，但那是她的想法，你无法控制。尽管如此，日子也不会过不下去，所以别太早下定论。

二、过度类化（overgene ralization）：借由一些少数的例子，做全面性的推论，自己吓自己。

例如：我朋友的婆婆很不喜欢她。我嫁人后也一定会被挑很多毛病。

→看到朋友的样子，让你很担忧，**但每家的情况不**

同，你别因此打击自己。

三、**选择性摘要或断章取义（selective abstraction）**：只记得缺失处，就借此定义这个人、这件事。

例如：过年时只因为少准备一道菜，婆婆就拿来说事，讲个没完，只要看到不同的亲戚，就数落我一次。我觉得她就是专爱挑我的毛病。

→这次过年缺一道菜，虽然有点美中不足，但整体而言，还是有九十五分。你婆婆可以扩大这个缺失，但别忘了，若你已尽力，**你要打心里肯定自己，并提醒自己明年记得就好。**

四、**夸大与贬低（magnification & minimization）**：对事情容易採取放大，或减轻它的影响力。

例如：我是新时代的女性，居然还会怕长辈，这真是太孬了，也愧对我这么前卫。

→怕和敬重不同，也许就是因为你身处的时代，让你更有反思的机会。而且每一个家庭的状况不同，你身为女性主义者，其实可以了解过去女性所受的苦，这也许**让你在面对自己的家庭时，有更多的弹性与反思。**

五、**应该与必须（shoulds & musts）**：凡事都有自己认定一定要怎么样的做法和规则。

例如：我应该把每件事情都做到让她满意，让她无可挑剔。

→没有什么事情是应该的，也没有什么事情是一定要怎么做，才能被认可。

六、**贴标签（labeling & mislabeling）**：对于事情的看法，容易聚焦或定义在负面的想法上，并进而认可这个想法。

例如：我婆婆认为我配不上她的儿子，我是个废物，带出门会丢脸。

→她用这种观点来看待你，你不应该就接受这个标签，并且贴在自己身上。

七、**个人化（personalization）**：过度将事情揽在自己的身上。

例如：如果不是我出现在他们家，婆婆和先生可能会相安无事，不会吵架。

→你和先生结婚，并不是单方面的决定。他选择你，你也选择他，双方心甘情愿。**别过度将这种观点揽在自己身上**，自讨苦吃。

八、**随意推论**（arbitrary inference）：事情没有证据，却妄下结论。

例如：婆婆总是忽略我说的话，我想她一定是看不起我，把我当空气。

→“婆婆忽略你”和“看不起你”之间的关联是什么？**即使她忽略你说的话，但你还是有说话的资格和权益。**

其实我们都很容易过度承揽问题，或扩大问题本身的严重性，但某些痛苦其实是我们自己选择的。

真正该做到善待自己的人，就是我们自己。也许，在与伴侣相处时，我们无法避免争吵，但请记得，**别因害怕而攻击对方，请好好跟对方说说我们心里的“害怕”**，这样也能让我们的爱更靠近。

儿子二十五岁了，
妈妈还不准他交女友——代替型

从四十岁那年开始，她就将孩子变成先生的替代品。

“妈，我都二十五岁了，为什么还不能交女朋友？”

他正帮忙拿药给妈妈，但其实心里一直想开口问妈妈这深植于他心中多年的疑问。

只要一回到家，他大部分时间都在陪妈妈，如果出门，他也会将细节一一告诉妈妈，因为妈妈总是会等他，即使累到已经在客厅打瞌睡，也要看到他回来，她才放心。

他知道妈妈对他的依赖，是由于长久以来对于家庭没有归属感和安全感。妈妈最害怕的事情就是身为独生子的他会抛弃她，于是，他总跟妈妈说：“不会发生这种事。”但无论他怎么保证，妈妈都无法相信。

“你看，你爸只会往山上跑，也不管我膝盖不好，只能在家……”妈妈一边说，一边无奈地摇头。

“你看，你爸对我这么不好，枉费我们结婚二十多年。跟你讲，男人很可怕，都会变，你可千万不要骗我，让我伤心……”

每当妈妈这么对他说，他就更不敢提想交女友的事了。

和母亲“结婚”的儿子

但妈妈这样讲，不是没有原因的。

她和老公是学生时期的班对，感情一直很要好，双方家人的相处也非常熟络，两人理所当然结了婚，但婚后，她的肚子一直没有好消息。

她总是被婆婆冷言对待，甚至还有亲戚说“不能生，就退货”。令她难受的是，先生从来没有站出来为她说过一句话。

难道生孩子是她一个人的事吗？

不服输的她，终于在四十岁那年以试管婴儿生下儿子。

她觉得自己总算可以跟大家交代了。

但没想到，有了儿子后，她对先生更看不惯了。她全心全意照顾儿子，对他呵护备至，无论花多少钱，什么都想让儿子学。儿子如果在学校与同学发生争执，她总是第一时间出面；儿子只要有稍微不舒服，她就紧张地送急诊。

她已经丝毫不在意先生的退场和无感。从四十岁那年开始，她就将孩子变成先生的替代品。她不但证明自己正常，可以生育，也解除了公婆要抱孙子的压力。

从此，她认为儿子是她的战利品。她不希望儿子有女友，不希望与任何人共享他，她希望儿子永远只陪她。

我们在原生家庭受的伤

“你们夫妻感情不好，那生个小孩就没事了！”我们常听到身旁的长辈这样告诉感情不睦的夫妻，甚至是在夫妻双方想离婚时，也给予这样的建议，但这真的是正确的吗？

当夫妻不和时，孩子容易成为彼此角力的工具

婚姻满意度的调查研究指出，**在第一个孩子出生后，夫妻对婚姻的满意度急剧下降，而身为人母的女性，满意度更低。**

在台湾地区的配偶调查中也发现，婚后女人的家务负担是男人的七倍，而男人则是少了百分之十二。在婚后的家务中，台湾夫妻中明显女人负担得较多，而有了孩子之后的照顾和养育责任，更成为人母的沉重负荷。

如果夫妻双方原本就不和睦，那么先生不但无法体会太太的挫折感，甚至可能因为分工问题而起更多的争执与口角，甚至撒手不管。

夫妻关系是很重要的伙伴关系，而“生孩子”这件事，不但无法让夫妻双方关系更紧密与美好，反倒可能变成挡在彼此中间更堂而皇之的理由。长久下来，**夫妻双方不能同心，孩子也变成在夫妻冲突中彼此角力的工具之一。夫妻也会将自己在伴侣间得不到的支持和照顾，在孩子较大时下意识地向孩子索求。**

当孩子成为夫妻关系的救火队员

另一种状况则是将孩子卷入夫妻纷争的三角关系中，孩子的任务仿佛就是为这对夫妻的不和关系救火。家族治疗大师包温（Bowen）曾指出，孩子在家庭关系中的角力，**也许是父母其中一方与孩子共谋，或是祖父母默许孙子出问题，以转移对父母之间冲突的注意力。**

这种情况在生活中很常见。你也许会见到一家人中，母亲暗中赞成孩子不要听父亲的话，也不要尊重父亲。于是你会看见一个气愤、不被尊重的父亲和一个从来不把父亲放在眼里的孩子，以及一个得意于“孩子不听父亲的话，口口声声说她是个多么辛苦的好妈妈”的母亲，最后你会看见“父亲愈来愈荒谬的管教，孩子愈来愈脱序的行为，母亲一把鼻涕一把眼泪地说孩子真可怜”这样的状况。

最重要且令人不忍的是，孩子会从中学习到“讨好妈妈”。他长大之后，当要面对自己的决定和判断与妈妈的不同时，就会变得格外困难。

他会意识到：

一、他将父亲的重要性排除，从小就承担起让自己取代父亲照顾妈妈的沉重负担。

二、妈妈爱他，但却不能尊重他的决定。

三、**他无法让母亲失望，可是又无法坚持自己的想法，这会导致他愈来愈厌恶自己。**

疼惜自己的练习（九）

已经长大了的你，是否也曾经有过“不听父母的话，就是不孝”或“忤逆父母，就是自己不好”这样的羞愧感？在以下问题中，如果你觉得是，请打钩。

□让爸／妈开心起来就是我的责任。

□当爸／妈面露难色，我要马上察觉到。

□我有义务让爸／妈减少烦恼。

□再怎么样，我都不能让爸／妈没面子。

□对于爸／妈失望的眼神，我感到很自责。

□无论如何，爸／妈就是我的天，他们说什么都对。

□如果我做错事，一定会让爸／妈感到难堪。

□无论我做任何事，都应该考虑到爸／妈的感受。

□我做任何事，都要顾虑到爸／妈是否支持。

□无论爸／妈做了什么事情，他们都是对的。

□身为爸／妈的小孩，我只有为他们分忧解难，才是个好孩子。

□当我理解不了爸／妈的苦恼时，我会感到不知所措。

□不管其他兄弟姊妹怎样，我都要当最贴心的那个。

□不管我爸／妈是怎样的人，长辈就是长辈，他们说的话，对我都有很大的影响力。

□我做任何事情，都需要爸／妈的认可。

如果你勾选五项以上，那么表示你常常觉得父母的责任就是你的责任，而你也希望从中获得父母的支持和爱，因此也容易牺牲自己。当“自己的意愿”和“父母的意愿”相违背时，你更难抉择。

亲爱的你，或许多年以来都认为自己有责任为父母的人生解决问题，你也有责任让他们开心，不让他们失望。

但实情是，**我们没有一个人可以负担另一个人的人生，**就像是没有一个人可以为你的人生负责一样。

所以，**你必须将父母的责任还给他们自己，他们得为自己的喜怒哀乐负责。而当你为自己的生命负责时，你才有可能影响他们。**

辑二

请当自己的父母，疗愈自己的内在小孩

总觉得『媳妇抢走儿子』的婆婆——自怜型

即使受辱，也要当乖儿子——乖顺型

老说『你好，我就好』，却常暴怒的先生——牺牲讨好型

和他人搞暧昧，却振振有词——情绪恐吓型

不断唱衰太太的先生——负面思考型

『从婚纱到蜜月，我们都不能输别人啊。』——无底洞型

无法离开外遇的太太——没安全感型

在别人拒绝他之前，他就先拒绝别人——拒绝型

她发誓一辈子不结婚——无法爱型

总觉得“媳妇抢走儿子”的婆婆——自怜型

妈妈认为三个小孩是她此生的唯一。三个小孩是捍卫她的战士。

“我的命好苦啊，儿女都很不孝，他们很少回来……”婆婆逢人就这样说，邻居听久了，对这家的媳妇、儿子也常常投以怪异的眼光。

太太听不下去，常对先生抱怨：“你妈说的都不是真的。她为什么这样一哭二闹地要我们回去？一下说她没吃饭，一下又说她脚扭了，上不了楼，她只是想看到你啊。”

他们其实不是不常回家，只是婆婆总觉得不够，也总觉得自己被丢下，很可怜。其实小姑、小叔都和婆婆住在一起，婆婆却只念着这个住外面的儿子不回来，于是总想尽办法让他们回来。婆婆希望一家人圆满团聚，如果有一人不在，就会闹脾气。

她虽然开口抱怨，但也知道这些话先生听不进去。先生只要一听到婆婆说“自己好可怜啊”，他就揪着一颗心，然后赶紧放下手边工作，催促着小孩、老婆，赶紧开车回去。

而当她抱怨时，先生往往会不耐烦地生闷气，甚至与婆婆连成一气，上演“妈真的很可怜，你怎么这么无情”的悲情戏码。

“我都说了，我妈就是这样，她只是比较喜欢念叨，你就不能忍一忍吗？”

先生要她忍耐，因为先生也是这样忍过来的。

将孩子视为“自己的延伸”的母亲

原来在先生年纪还小时，爸爸有外遇了，妈妈于是煞费心思，要孩子们与她一起赶走小三，却仍然没唤回爸爸的心。

这些无奈和伤心的日子，让妈妈黏紧了三个小孩。妈妈认为三个小孩是她此生的唯一。三个小孩是捍卫她的战士。

为父母的恩怨战斗了几十年，直到爸爸过世。现在战士要开战的对象变成了他的太太。

在婆婆眼中，只要嫁进来的，都是抢她儿子的外人。

“我辛苦一辈子，费苦心养大的孩子，怎么可以有人把他抢走？”

婆婆把孩子视为自己的延伸、她血肉的一部分，如今四十年过去，孩子即使都已届不惑之年，她依然故我地认为媳妇就是既得利益者，而天底下哪有这么便宜的事？

而唯一住外面的他们就变成婆婆主要聚焦的对象，一旦不顺她的意，婆婆就在街头巷尾说她的不是：“我儿媳妇有多糟糕，你看看，她这也没做好，那也没做好……”

婆婆忘记了，她已经不是当年那个被先生丢下的女人，可长期的失落感，让她的孩子们也很感无力。每一句“我妈就是这样，我还能怎样……”听起来，这些对母亲的容忍，不是出于爱和尊敬，而是许多的无奈和沮丧。

于是，当她抱怨时，先生若闷不吭声，其实心里也正哀叹着：“我太太看不起我，我妈妈逼迫我，我怎么生在那样的原生家庭，然后又投入一个永远对我不满意的家……”

我们在原生家庭受的伤

一个容易自卑、自怜的人，常常无论旁人怎么劝说，他们都还是觉得自己“应该这么做，不然会有很惨的后果”“一定要这么做，不然要承受的压力必定很大”，**他们不断付出，就是为了证明自己值得被爱、被尊重、有价值。**

若一个自卑、自怜的人已经陷入这样混乱的心境，那么可能与他的成长或过往经历有关。

无法不与他人“比较”的孩子

当我们身为孩子的时候，得不到认可是一件令人感到很恐慌的事情，就像被下了一个诅咒，内容是“无论你怎么样，都没人会重视的”。

这样的孩子，他们一方面羡慕别人，但另一方面又常常陷入和别人的比较里，他们因此常常患得患失。

当他们看起来与别人一样的时候，他们会感到骄傲；但当他们不如别人的时候，他们会陷入强烈的自卑。

有些人会运用这样的自卑和自怜，让自己进步。但也有些人是用“我有孝顺的儿女”“我有完整的家庭”或“我有完整的婚姻”这些外在的条件来让自己看起来和别人一样。

这种类型的人，他们常把眼光放在自己所没有的东西上，并与他人进行竞赛和比较，例如太太会对先生叨念：“你看，别人的老公都会……”“你看，别人都住豪宅……”或对小孩抱怨：“你看，别人的小孩念到博士，多厉害……”

这样的比较心态，会让这种类型的人觉得自己什么都没有，进而对生活感到不满足。

充满罪疚感的孩子

案例中的母亲，在先生外遇事件爆发后，为了追回先生对婚姻的注意力，除了将孩子当作唤回先生的筹码之外，在不安全感之下，其实已经下意识地与孩子“结了婚”。

而当她的需求愈大，就愈不能接受孩子违背自己的预期，她希望孩子都能按照她的方式挑志愿、挑伴侣、挑选生活中的种种。如果孩子不这么做，就会被指责不孝、大逆不道或“你怎么舍得让老母亲苦苦哀求”等罪名，不断让孩子在心里产生罪恶感。

当孩子因为内疚和罪恶感而回头照料母亲，他们在心境上而与母亲黏得愈紧、情感愈浓烈时，就会产生极度讨好，但同时又厌恶和惧怕的矛盾心情。

当孩子无法让母亲事事满意时，孩子也会对自己有想法、有意见的心态感到厌恶和惧怕，这些复杂的心情就变成了各种勉强和容忍。

若伴侣无法和他一致面对母亲，也就是无法一起容忍和勉强的时候，就容易变成箭靶和所谓的“不听话的孩子”。于是，他想听话的需求就无法被满足，反过来说，就因为伴侣是不听话的孩子，反而大大满足了他某部分“做自己”“不想听话”的需求。这种“偷偷来”的不听话，其实才是他们的真心话。

母亲的哀怨，他早已忍受得太多。四十年来，他都承受着“不要冒犯母亲”“不要让母亲伤心”这些内疚和痛苦。

认为“自己可以拯救妈妈”的孩子

母亲被外遇之伤刺痛，孩子们也都赴汤蹈火一起陪葬，这样愈演愈烈的情绪记忆，让每个孩子都深受其苦，却不敢表达。

这就像是身体灼伤面积百分之三十的人，在百分之八十灼伤面积的人面前不敢哼出声一样。当他想起自己真实的感受是不耐烦、厌恶、生气、没完没了时，他就会想起更悲惨的母亲，于是他告诉自己：

“这没什么！”

“我妈比我惨，遇到那种事情都没抱怨，我是在怪东怪西什么？”

“我至少还有个太太在身边，我妈没人陪，她也非我不可！”

那么，**一下子全身上下充满英雄主义的想法——“认为自己可以拯救妈妈”；但一下子又被自卑、自怜的心情绑架——“怎么自己一辈子都像随传随到的男仆”，这两种想**

法很容易在他身上摆荡。

于是，受害型认同的孩子就这样产生了，他们一方面感到自卑，另一方面又感到“这就是爱吧”，进而**合理化自己受害的事实**，也就是“如果我不爱你，怎么会为你承受这么多？”他们一边自虐，一边希望对方有所回应，只可惜他们的爱就像飞蛾扑火，对方也只会像火苗一样，将他们吞噬。

疼惜自己的练习（十）

亲爱的，你也是这样吗？总是怕自己做得不够多、不够好，让人不够满意，因此不断压榨自己吗？

以下项目，你可以看看自己符合哪些。

□家人做决定的时候，往往没人考虑你的感受。

□家人做决定的时候，往往没人顾及你的需要。

□家人常常对你说，你想的都是错的（你没想得很周到）。

□家人常常对你说，你自己怎样不重要，重点是让大家满意、开心。

□他们常觉得你不能做自己，所以你要求做自己是一件很自私的行为。

□他们常打压你的脆弱面，认为你不能笨、不能怕、不能不懂、不能脆弱。

□面对家人，你往往不能表达自己的想法。

□面对家人，你常常要伪装成另一个讨他们喜欢的样子。

□你觉得如果不成为家人喜欢的样子，你会遭受羞辱。

□你觉得如果不成为家人理想的样子，你会被嘲弄。

□你觉得如果不成为家人要求的样子，你会被耻笑。

□你觉得如果自己不伪装成另一个样子，家人一定不会喜欢你。

□你觉得如果你让家人失望，他们一定不会像现在这样爱你。

□你觉得如果你不讨好他们，他们就会撤回对你的关爱。

如果你有五项以上符合，那么表示你是一个常常担心外界对你的眼光，也担心自己做得不够好、不够优秀、不够周到的人。

如果你先不顾虑他人的眼光，那么，当家人要求你时，你心里真实的感受其实是：

□面对家人的要求，你常感到很为难。

□面对家人的要求，你常觉得被逼迫。

□面对家人的要求，你常觉得很委屈。

□面对家人的要求，你常感到很无力。

□面对家人的要求，你常感到挫败。

□面对家人的要求，你常感到不耐烦。

□面对家人的要求，你常感到有压力。

□面对家人的要求，你常感到________________。

如果你勾选三项以上，那么代表你已经负荷过度。

当你心里萌生不愿意的声音时，请记得，这就是你的情绪界限。

我们每个人都需要划出自己的领域和空间，这一点，是不需要经过任何人允许的。

对于压榨你的人，他们要学会尊重别人的私人领域。

当你一直为他们着想、配合他们的时候，也许你也剥夺了他们学习尊重别人的机会。

无论是谁，都有被爱、被尊重的需求。**尊重自己的需求并不是坏事。当你开始这么做时，身边的人才会尊重你，尊重他们自己。**

即使受辱，也要当乖儿子——乖顺型

太太只要说："你忍心让你爸爸失望吗？"他就会屈服。

“我受够了这个假婚姻，我要离婚。”过去一向乖顺的他，竟然反常地和太太大吵起来。

“我警告你哦，结了婚后，不是你想怎样就怎样！”太太一边响应，一边打电话讨救兵。

住在二楼的父亲一听到夫妻争执的声音，连忙过来劝架。

“你怎么可以这样？身为人家先生，要懂得忍让啊。”眼看父亲站在太太那一边，他更痛苦了。

没想到，住隔两条巷子的岳父，一接到女儿电话，也气冲冲地到家里来指责他。

“你怎么可以讲这种话，孩子都快生了，你想怎样，要退婚吗？”

岳父为女儿助阵，但他没有退却，他怒视着岳父。因为，岳父会这么说，他一点也不意外。

哑口无言的儿子

之前，他和太太是在网络交友平台上认识的，两人因为年龄关系都点选“两年内想结婚”的选项。他们都希望尽早结婚生子，可他从来都没想过这竟然是一场骗局。

当时女方家人在婚事方面很积极，其实他一开始也曾经质疑为什么这么急，但女方对他很热络，女方长辈也对他很照顾。加上与他相依为命的父亲非常喜欢这个大方、懂事的准媳妇，于是听到女方怀有身孕时，喜出望外，帮他们在三个月内火速完了婚。

没有太多感情基础的他们，从提亲到大订、小订到喜宴，他总感到心底有些忐忑，但瞬间就被自己否定，因为结婚生子不就是他想要的吗？

在一次陪太太产检时，护理师一边恭喜，一边交代他：“你太太目前怀胎七个月了，要多注意身体。”他听了，却像晴天霹雳。

他与太太在一起的时间，前后也才不过五个月，为什么太太肚子里的胎儿已经七个月？他想起太太消瘦的身影，似乎肚子的比例比预想的大了些。

“医师，你确定真的是七个月吗？这件事对我真的很重要啊。”他忍不住了，打电话问医师，没想到却确认了这场骗局。

“天哪，她居然要我养其他男人的小孩。”他气得直接问太太，平常温顺的他，怒火中烧，伸出双手掐住太太的脖子。

但太太静静地闭上眼睛，毫不挣扎。

他哭着松开了手。

当太太睁开眼睛，她只冷冷地说了句：“你可以怨恨我，但想想你爸听到我怀孕时那期待抱孙子的表情，你忍心让他失望吗？”

他愣了愣，脑袋闹哄哄的，说不出一句话。

太太像是豁出去了：“反正你有两条路可选，第一，忍下来，跟我过一辈子，你可以让你爸到死都对你满意；第二，离婚，让你爸伤透心。这是你要的吗？”

很小的时候，他母亲就过世了，一手抚养他长大的父亲对他照顾得无微不至。他很早就学会不让父亲担心，一心想成为爸爸心中的骄傲。

但他从没想过，原本是开心的事情，最后居然变成这么的笑柄。当他看着自己的父亲求着他不要离婚的神情时，他的心好难受。

我们在原生家庭受的伤

“我要成为父亲眼里的完美小孩，这辈子不再让他伤心难过。”

身为孩子，我们总有个不实际的期望，觉得自己可以解救父母的人生，尤其是乖顺的小孩。

“我把我的事情做好，他们就不用担心我……”

“我尽量降低自己的需求，他们就不用为我负担……”

“不管他们说得对或错，都不要反对他们，这样一来，他们就会觉得自己很有影响力。”

我们都自以为在保护父母，于是将自己的意见掩盖，或将自己的需要忽略，希望可以降低需求、没有意见，甚至隐形无声，心想，这样就能让父母快乐、开心起来。

然而，**当我们将自己交托出去的同时，其实也赔上了自己的人生。**

只要一个眼神，孩子就心惊胆战

案例里的这对父子，在他很小的时候就不断演出这个他再习惯不过的剧目——“孩子牵起父亲的手，倾其所能，迎合父亲的期望”。

但一个将自己的意见和感受降到最低，却把父亲的愿望当作最高标准的儿子，造成的后果，往往是父子之间无法诉说真心话。

这是如何发生的呢？当我们还稚嫩的时候，**乖顺型的孩**

子对于父母失望的神情特别没有抵抗力。面对父母言外之意的轻蔑、刻意的停顿、不赞成的皱眉、露出狐疑的神情时，他所接收到的信息往往是：

“我快要被你放弃了！”

“你对我不够满意。”

“你认为我没有尽力。”

这些“可能被放弃”“可能不被爱”“可能不被喜欢”的信息，对他们来说很难招架，但被吸收得很彻底。

这种场景在他成长的过程中不断发生。**当他听到父亲说：“你还没找到对象啊……”他感受到的是：**

“我还没找到对象，让爸爸担心了！”

“父亲一生的愿望就是这个，我怎么无法让他如愿……”

“我该怎么化解他的难受……”

于是他闭嘴了，他想：自己的感觉有什么重要，父亲开不开心最重要。

永远无法让父亲满意的儿子

而最终，他将发现，长辈如果很习惯于烦恼，那么，他的烦恼将是没有尽头的。

如果他结了婚，父亲会烦恼他还没生子。

如果他生子了，父亲会烦恼他会不会带孩子。

如果他带孩子生病了，父亲会烦恼他该如何养儿育女才能让后代优秀……

对于自己的人生，他不但压缩了自己真实的想法，或从来不敢倾听，却发现永远无法让父亲满意。

最终，他将这种烦恼处理不完的习惯放在孩子身上，因为他没听过自己真实的心声，他也不敢倾听孩子的真心话。这样的氛围，无意识地在他和他的孩子间持续营造。

案例中的先生就遇到这样的困难，所以才离不开耍计谋的太太。他轻视自己的心声，用隐晦的方式面对太太，以避免让父亲难过。

而太太紧抓着先生最大的目标——让父亲开心，甚至弱化自己欺骗他的事实，于是夫妻间的角力就变得更复杂难解。

疼惜自己的练习（十一）

我们虽从父母而来，但**我们不是父母的延伸，也不属于父母。**

在中华文化中，最乖的孩子往往被骂得最凶，而通常排行老大的孩子更容易被这样对待。父母希望孩子有更好的表现，这其实是很自然的心态。只是，**成年的我们也应该开始承担起倾听自己内心声音的责任，**因为我们每个人的人生都是自己的，别人或者是父母，都无法帮我们过人生。

长辈对你有哪些期望，让你感到非做不可，如果不做，他们就会伤心？

一、______________________________。

二、______________________________。

三、______________________________。

四、______________________________。

五、______________________________。

想一想，哪些是你也认同的人生目标？哪些是你认为过度的负荷，不属于你？

无论你目前多大岁数，请将你渴望的人生样貌以直觉的关键词写下。

____________________________________。

接着拼凑出一个你内心渴望的场景，并写下来。

____________________________________，

____________________________________，

____________________________________。

只要是人，都可能感受到“我不好”“我让身边的人不满意了”“我做得不是很正确”“我犯了一个错”，**这些都是人生中的一部分，但这不表示你不好、你没有价值。**所以，请多肯定自己，并给自己一个机会，允许自己和脆弱共处。

老说“你好，我就好”，却常暴怒的先生——牺牲讨好型

一个常讨好别人的人其实在心里都隐藏着极深的愤怒。

“老公，这周末我们去嘉义玩，好吗？”

“好啊，你安排。”

“那么我们周五晚上就出发，可以多玩一个晚上！”

“好啊，我没意见。”

“你真的没意见吗？我看你的表情好像有一点怪。”

其实，他不想出去玩，但他不想让太太失望。

他十分依赖太太。只要太太不在，他就觉得孤单，但太太在，他也觉得不满。

这种矛盾的感觉，让他很苦恼。他也很难说清楚自己究

竟哪里不满。

渐渐地，他将不满的心情隐藏起来。

只要别人问起家人和他的生活，他就会说："我太太，她很好啊！""我家人，他们都很好啊。""我的生活，很好啊！"

有了这种矛盾冲突的落差，让他觉得自己像个圣人。而每一次他讲完这些话，他就会在心中默默地认为："你看我多爱家人，多为他们着想。""家人就是要不分彼此，即使我觉得你们很差劲，也要说你们很好。"

牺牲、奉献背后的强烈不满

不过，**在这些付出的背后，其实也包含着他的一丝丝渴望：**

"我为你们考虑这么多，你们应该也多照顾我一点吧！"

"你看我都以大局为重，你们应该也知道到我要什么吧！"

他卑微地希望别人能领略他的用心，顾虑到他的感受。

可是，事实上又没这么简单。他想要的是，大家都知道他是个思维缜密，同时具备风度和雅量的人。

表面上，他说："我只希望身边的每个人都开心，不要吵架，不要争执，家和万事兴。"但愈是这样，他的心态就愈不平衡，他心里"你们应该感谢我"的愿望就愈深。只是他并不表态，所以对家人来说，他的心境愈来愈像是迷雾。没有人知道他到底在想什么，更难知道他的需求。

其实，他的内心就是不断上演着"施舍与感恩"的小剧场。

他无法启齿的是，他想要全部的人都尊敬他。他想做有包容力又聪明的圣人，因为唯有圣人，才能施恩给别人。他也聪明到知道大家要什么，在家人有需要的时候配合演出，让大家都开心。他就像川剧变脸的演员，在嗅到别人有需求时，压抑着自己真实的感受——渴望获得赞美。

每当他有需要，他就会想到以家和万事兴为前提的大爱——"我不重要，我只想大家好好的。""我都没有自己的需求，总可以了吧！""我应该更坚强，我是全家人的依靠。"

但他并没有发现，自己说出来的每一句："你们好就好！""你们好，我就开心了！"其实是在表达："我有话要说……”“你们开心，那我的开心呢？”

他以自我牺牲维持着奉献的形象，但却是心里充斥最多不满的人。

害怕被抛弃的男孩

他是在父母的争吵声中长大的，父母根本无暇顾及他。他眼巴巴望着爸妈，但却得不到应有的关爱。他气自己的无能，但却没办法阻止这些争执，而且他也害怕被抛弃，害怕爸妈常常挂在嘴边那些充满不耐烦的话，例如：

“晚上不要吃饭了，浪费米。”

“你这个拖油瓶……”

“养你有什么用？”

“你自己搬出去住，看你要跟谁就去。”

他害怕被抛弃，害怕孤单，于是献上他的一切，在所不惜。

自此之后，他不但害怕被抛弃，更害怕失去身边的人。于是，他把自己变成没有需求的圣人，不准自己做错事；不让父母伤心、要孝顺。**这些美德和孝顺的枷锁，使他的心里**

产生了巨大的压力。

这种状况并没有人发现，因为他身边的大人光是应付自己的困境就已经耗尽心力，而他也早已习惯察言观色的生活模式。

除了付出，他感受不到自己的存在。如果这世界上没有人可以让他付出，那么，他就觉得自己没有存在的价值。

对方说“你好就好”，其实是在使用一种支配手段

当他说“你好就好”，其实言下之意是：

“我是施恩的圣人，你看我都以你为主，你为什么还要烦我？”

“我都没有什么要求了，你看你做了什么，你凭什么要求我？”

当他要求起来，就变成暴君，因为**一个讨好别人的人其实都隐藏着极深的愤怒。**

嘴巴上说喜欢，其实心里感到厌恶，这种人本来就隐藏着他的支配力。当他说：“好啊，你说了算。”不做决定，让

你表现并发挥到极限，他只要继续隐忍，你就会做到极致，而他也可以懒到极点，然后后果由你自负。如果要他负责一点，他也是以圣人姿态来搭救，而不是平行平等的关系。

你会发现，他时时刻刻都在想别人要的是什么，而不是他自己，这看起来像是爱妻的美德，但其实也是支配太太的手段。

我们在原生家庭受的伤

“我都没有好好为自己活过。”你听过家人这样的抱怨吗？

当一个人持续背叛自己内心的声音，那么只会持续消耗自己的生命能量，甚至对生命绝望。

对他们来说，比自己内心的声音更重要的，是“小心翼翼揣测家人的需求”，这是他们的生存之道。

讨好大人的孩子

这种类型的孩子常常很乖顺，默不作声，但却内心孤寂。他们尽心尽力侍奉着身边的人，善尽讨好的职责，内心却害怕自己不被重视、不被珍惜、不被爱，甚至被抛弃。

于是，他们所吸引到的伴侣，也是会指派他们做事的人；或者他们会在开始时就告诉伴侣："我会帮你服务，所以你要好好爱我。"**因为渴求爱，而让对方有机会压榨他们。**

这一类型的人，通常会有一对对自己的事摆不平的父母。因为父母对自己的烦恼已疲于奔命，所以看不到孩子的需求，甚至还期望孩子能帮父母分担，或从小就负担起照顾父母的角色。

他们从小感到自己得被父母依赖，所以往往对于自己有依赖的"软弱心态"感到可耻，常活在自己怎么可以有需要的自我贬抑里。他们努力侍奉身边的大人，并期待自己赶快长大，赶快获得权力，赶快付出爱。

学会用假我的方式活下去

英国知名心理学家约翰 · 鲍比（John Bowlby）曾提出“亲子角色倒错”的概念，这是指父母以铤而走险或控制的手段，来获得孩子的顺服，并借此希望得到内心的平静或生活的稳定。

这一类型的父母希望孩子最好不要提出什么要求，而且能照顾父母、称赞父母、爱父母等。**当孩子和父母的角色倒过来，孩子变成父母依赖的对象，就容易想变得“有用”“听话”或“服从”，借此获得被爱。**他们真实的情绪反而无法被认可，因为每天要做的事，就是知道父母今天的情绪是什么，他们才能好好活下去。

于是，他们学会用假我的方式活下去，**自我实现也变成要建立在别人的认可上。**

这一类型的父母因为自己的需求和喜好，会强化孩子的假面（乖顺、听话、好掌握），他们不管孩子的自我贬抑对于孩子的心理健康将造成多大的打击、会因此活得不够好。

他们只在乎孩子是否听话、不出错，孩子们永远感受到的是，如果“他们不符合父母的期待，父母就会对他们弃之不顾”的恐惧。他们的心里充满矛盾，一方面想让父母满意，另一方面却得牺牲自己的真实感受，最终，他们做出抉择，以父母和身边的人为主。

这种人非常在意家人的评价，**为了生存下去，他们尽力侍奉，让身边的人开心、满意，但自己却带着隐藏的敌意过日子。**他们感到莫名的不安，常常要找自己的小确幸或生活目标，否则自我会干涸而死。

不断要求自己，只为换得父母认可

用自我牺牲来交换他人认可的人，常常会有情感饥渴的问题。在他们付出和给予的过程里，其实是希望对方给予更多认可，于是他一直让自己顺从、听话与付出，想换得父母眼里的一席之地。

这种你来我往的紧密关系，表面上看起来是“我们家人之间很相亲相爱”，其实是如果有新的对象表现得更好，他就会被取而代之。也因为这种隐微的被抛弃的恐惧，他往往要求自己要表现得更好。

弗洛姆曾说："服从和敌意是一枚硬币的两面。"当他们习惯于顺从对方，却也抱怨对方，这就变成隐性的敌意，夹杂在不可说的冲突里。

他们让自己变得很有能力、很有毅力、很有担当，但都不是基于自己的人生目标，而是基于恐惧。

他们需要讨好身边的人，否则随时都会被取代。所以，他们活得扭扭曲曲，被许多框架束缚住，却又渴望自由，但依照这样的情势来说，要获得自由，也仅止于他们的空想。

当他愈虚张声势，就愈怔忡不安。害怕别人不满意他，所以留存更多对人的敌意，然后告诉自己：

"我不应该跟别人计较。"

"我不应该对家人无理。"

"干吗为这种事情烦心？"

但他心里其实非常烦躁。愈是无法承认，就愈与自己背离，愈是说"我家人都很好"，心里却愈是惶惶不安。

疼惜自己的练习（十二）

给亲爱的你：

就在此刻，仅有你和我，这里很安全。**我们不需要假装，以讨别人欢心，**例如明明不伤心，却要假装悲痛欲绝；明明不开心，却要大笑；明明不乐见，却拍手叫好，以便符合大家所期望你展现的样子。

收起你的迎合，**尽管展现你现在的样子就好。**假若你不想讲话，就不要讲话；假若你不愿意，就说你不想要；假若你不开心，面无表情也无妨。**我们不需要扮演另一个角色，你，就是你。**

我们会担心对方的反应，是因为我们不够肯定自己，无法确认自己。那么，我们就会受制于别人。

请你默念以下句子，让自己慢慢学习，不再讨好他人，也慢慢放下讨好他人的习惯。

→他快乐，是他的决定，无关你做了什么和说了什么。**你是你，他有选择权，你也是。**

→**不论你有没有费尽心思，不珍惜你的人，还是会**

挑剔你，甚至把你踩在脚底。

别因为他人的反应而自我质疑。你是你，是世界上独一无二的你。

别人的眼光与你无关，此刻，你只有倾听自己的心，你才有能力去爱其他的人。

给亲爱的你：

就在此刻，仅有你和我，这里很安全。我们不需要假装，以讨别人欢心，例如明明不伤心，却要假装悲痛欲绝；明明不开心，却要大笑；明明不乐见，却拍手叫好，以便符合大家所期望你展现的样子。

收起你的迎合，尽管展现你现在的样子就好。

假若你不想讲话，就不要讲话；假若你不愿意，就说你不想要；假若你不开心，面无表情也无妨。

我们不需要扮演另一个角色，你，就是你。

和他人搞暧昧，却振振有词——情绪恐吓型

只要她表达不满，先生就会说："那女的很可怜，难道你要见死不救吗？"

"这次又是哪一个女人？你为什么要这样对我？"

"你在讲什么？那只不过是同事聚餐后续摊一下，所以喝了点酒，你也可以夸大成这样……"

"我怎样？你前几次是上交友网站，我说什么了？我忍多久了？"

"夫妻之间要同心。你是我太太，你怎么对我这么没把握？怎么连你都不了解我？"

其实之前只要先生不在身边，她就像抓贼一样，登录他的每个账号，查对话记录，并盘查他最近浏览的网站。

先生很愤怒："你那么爱查，又爱生气，干脆通通删掉好

了！”

结果先生删掉账号、密码，说是要让她安心。

她觉得先生说的话并不合理。夫妻要同心没错，但要看事情吧，当先生说要让她安心，却一下上交友网站，一下又跟女同事暧昧不清。这样，任谁都不会安心。

无法摆脱的“言下之意”

她觉得痛苦，因为——

当先生对她说“夫妻之间要同心”时，其实这句话的言下之意是:“你不应该这么不了解我。”

当先生说“你是我太太，怎么对我这么没把握”时，言下之意是:“你不应该查我，我应该尽情做我想做的事。”

甚至最后一句话:“怎么连你都不了解我？”言下之意是:“因为你不了解我，所以我可以离开你。”这最让她觉得难受。

所以每一次，当先生惹麻烦，她就会折断理智线。

她觉得自己有口难言，万般无助。

她知道先生平常什么都好，但就爱和别人搞暧昧。搞暧昧像是他们之间一道无法跨越的鸿沟，也是他们之间难以排除的地雷。

只要她表达不满，先生就会说："那女的很可怜，难道你要见死不救吗？"或"她连一个朋友都没有，难道你是这么残忍的人吗？"

她被先生一次次理所当然的说辞弄得晕头转向。

她很不安，只能催眠自己：

"先生讲得没错。"

"先生只是太为人着想。"

"先生还是有许多其他的优点。"

……

其实，这种感觉对她来说很熟悉。

她的父母之所以分开，是因为妈妈有外遇。但妈妈后来也与那个人分开，接着陷入无数择偶、换偶的过程。

她常听妈妈说："我不过是想找到一个我真正爱的人，难道这样有错吗？你说是吧？"

她是妈妈最佳的精神支柱，一辈子都觉得妈妈说得很对。

“你要找个有道德、有良知的男人，才不会跟我一样感情失败。”她看着母亲感情不顺，期许自己能找到一个可以托付终身的善良男人。没想到，她最后选择了看起来最老实，但却让她最不安的先生。

我们在原生家庭受的伤

当你听到对方说：“为什么你不相信我？”而觉得有问题的是自己时，那么，你可能与上述的她有同样的问题。

与原生家庭息息相关

一个长期生活在情绪受到恐吓状态下的人，如果严重的话，将引起身心或精神方面的问题。

他们一方面无法辨识自己已经被情绪恐吓，一方面还自我怀疑，认为自己是不是做得不够好、不够多，但又因为生气和发怒，导致对方找到更多依据，说是你庸人自扰。

你无法解释自己为什么在沟通的时候会怒不可遏，更无法解释为什么理智线会断掉，你甚至不知道自己是什么时候把这些特权交给对方的。

其实，这些往往与我们过往来自原生家庭的信念或父母对待我们的方式有关。例如，你的父母给你一些好听的理由，然后要求你牺牲自己，你无法质疑，也没有其他选择，只能默默接受。

一个习惯对他人情绪恐吓的人，往往会不择手段地争取自己的利益。

“其实我也不是一定要这样，要不是他很可怜……”

“为了要让我爸妈满意，我只好说谎，我很孝顺吧！”

“为了家庭和谐，我做出连自己都无法接受的事，但这很值得……”

“为了爱我的太太，我每天都要戴着面具过日子，好让她开心。”

身为旁观者，我们会觉得这是谬论，但**这种似是而非的说法，却最让另一半感到纠结。**

他们想做什么事情都很有理由。然而，这些理由通常不是真正的原因，而只是他们为达到目的，也就是**“引发对方的同情心和怜悯，好让对方付出更多”。**

当他们自己有所求的时候，就会除低姿态，仿佛愿意付出一切，但一旦他们占上风，却又斤斤计较，觉得他们凡事都是对的。

不过，当他们让对方难受时，他们会马上表达：“很抱歉，我不是故意要让你伤心，如果你真的伤心了，那不是出于我的本意！”

如果对方不谅解，他会表示：“如果你无法体谅，也没关系，但我会一直弥补你。”

以欲拒还迎的方式，让对方彻底卸下心防或变得心软，其实他只是在演自己悲剧英雄的内心戏，并希望你配合演出而已。

擅长创造让人遗憾和矛盾的情感

长期承受情绪恐吓的人，渴望逃离对方的情绪恐吓，但往往不知道该如何做。

他们要对方接受自己的欲望和要求，一旦对方不想接受，就要承受不为另一半着想、不懂事、不听话、不懂人情世故等评价。**这种通过潜意识的操纵要求对方迎合自己的欲望，常常被包装成好听的话和合理化的要求。**

于是，操纵和失衡的关系开始在他们之间展开。如果他知道自己正在操纵，是有目的性地做这件事情，也许还有点自觉。

但如果他们没有这份自觉，就会觉得自己是为了对方好，例如"我正在教太太怎么了解我"，或是对太太说"我这么做，是为了维系我们夫妻之间的情感"这种漂亮话，甚至在日常中拼命地付出关爱，再制造冲突，让对方很不安、很难受。

他们往往没有发现自己正在对对方进行情绪恐吓，而对方也觉得他平日是个很有风度、很善良的人，所以有时还会怀疑自己，是否有问题的是自己。其实创造遗憾和矛盾的情感，就是他们擅长的做法。有遗憾，也才会凸显拯救和弥补的价值。

而当他们被质疑，他们会响应："难道我这么不值得你相信吗？""为什么你这么不尊重我？"其实他是想获得你的谅解，好让他提出更多不合理的要求。

若你因为太生气，而使用暴力，那么这正好掉到他的陷阱里。他更有理由说你疯了，所以你要交付更多的代价。情绪恐吓者，是予取予求，让人继续失能的高手。

擅长对别人贴标签

面对一个情绪恐吓者，你常被贴上爱发脾气、爱计较、爱施压的标签，而你无论做什么都无法真的开心，因为你身边有一个只想被满足的利己主义者，而你又常常被这些看来很正确的话所蒙蔽，并且觉得是自己有错。例如：

"家人不是就应该相亲相爱吗？"

"你不知道不要在小孩面前吵架吗？"

"你实在很不像话，长辈在现场，你还要找麻烦？"

"你身为我的太太，为什么就不懂得体谅我？"

每一个你、你、你，看起来好像都很有道理，但却都没有真正聚焦到问题。一是你可能也说不清楚，二是你即使说了，别人可能也无法理解，可能还会被指责，“他人这么好，是你有问题”“是你不够相信他，他才会这样，他是被逼的”。这种感觉就像是怀了一个巨大的秘密，却说不出口，也无法对谁吐露清楚。

疼惜自己的练习（十三）

擅长说动人、好听话的人，通常都会让人很开心，以致你慢慢步入他的圈套，为他付出所有，在所不惜。

但我们也得正视一直允许被这样对待的你，是你被“完美家庭”“完美伴侣”的标签束缚了吗？

当对方抛出“相爱不就是应该这样……”的时候，是否也牵引起你心中的完美主义，而让你觉得“对，那样才是好”，于是让自己一直深陷对方的谎言及自我欺骗中？所以，该如何察觉呢？

一、当你发现不对劲

请不要把“自己的抉择”和“他的反应”绑在一起。爱是成为彼此的光亮，而不是成为彼此的负担。

当你感受到这份爱，让你很累、很烦、很闷、很求助无门时，那么，请好好观察彼此之间的互动。其实，**你只要反过来想一想，如果今天你很爱对方，你会舍得这样对他吗？答案就会昭然若揭。**

二、当你看穿这些情境

千万别再合理化对方的行为，当你愈合理化对方的行为，就愈无法看清楚对方的意图。

其实，看清楚对方意图，并不代表你错了，而是更清晰地认识对方而已。此时，请记得收回你的爱，并关上耳朵、闭上眼睛，不再看，也不再听那些强加在你身上的不实措辞。

请记下对方说的每一句话，去想一想合不合理，然后再请你切割“真实情况”和“他的扭曲”。

三、如果可以澄清和沟通

如果你觉得还是想与对方沟通，且对方还有可以调整的空间，也许可以**试试看“拉出前提”**。

前提是“我们的关系对等，也请你尊重我的想法和意见”。

前提是“你还没做出对不起我们的事情，我们现在应该聚焦讨论如何修复这段关系”。

若你陷在被情绪恐吓的一段感情里，请别觉得很羞愧，或认为自己很笨，**你应该好好疼惜自己，疼惜这个因爱而受伤的自己。**

不断唱衰太太的先生——负面思考型

他从小听着家人抱怨彼此，觉得从来不会有好事发生在自己身上。

“老公，我想等孩子四岁上幼儿园后，去面包店工作，赚点外快。”

“不要在那边想有的没的，到时候小孩没顾好，工作也没做好。”

“我原本就学烘焙，你是对我没信心吗？为什么要唱衰我？”

他听到太太这样说，想起妈妈曾告诫他：“你的婚姻一定不会成功。你看她就是一心往外的样子。”

他的太太是一位自主性很强的女性，婚前就很能干，因此他常感到自己矮太太一截。

害怕被贬低、害怕被太太鄙视的念头，在他心中从来没有停过。于是，每当他出言阻碍太太发展的时候，他心里面就生起一丝优越感。

学建筑，只为让爸妈开心

这种感觉很矛盾，很像在与自己较劲。

他想起从小处处被阻碍的自己。他气自己，只要跟父母提他想做什么，就被数落得一文不值。长期下来，他对自己做什么都没有信心。

当年，他的第一志愿是电机系，并且想在毕业后进科学园区工作，但因为爸爸一句“学建筑比较有出息”，他的志愿就大转弯，只为让爸妈开心。

他的父母常争吵，互相批评彼此有多糟糕。他听着大人说着邻居的八卦、亲戚的落难、长辈的嫌弃，家里就像一个充满负面信息的大染缸。爸爸妈妈会东家长、西家短，如果没有话题，就转向彼此，埋怨对方哪里没做好。

对世界感到绝望的孩子

他的房门常被开开关关，没有隐私。妈妈一下子进房抱怨：

“我跟你讲，你爸有多糟。他只要一听你奶奶讲话就垮了，害我要为他做牛做马。我当初真是看走眼，嫁入这种家庭……”

在妈妈离开后，又换爸爸进来，对他说：

“我跟你讲，你妈的话不要听太多。你别忘了，奶奶对你有多好，我们才是一家人。”

他不懂，为什么一家人要这样彼此责备、批评对方？阿嬷也不遑多让，常常跟爸说妈的坏话，跟妈说爸的不是。于是他紧闭嘴巴，担心自己被抓到话柄，他对家人互相批评感到害怕。

当爸爸顺遂时，会抓着他滔滔不绝，失意时就像斗败的公鸡，在角落怨天尤人、唉声叹气。妈妈则常说：“我们是倒霉鬼，什么衰事都会在我们身上，要小心啊。”有时外婆也会对他说：“像你爸这种自大狂，眼高手低，你妈只有吃苦的份。”

他常常对世界感到很绝望，好像从来不会有好事发生在自己身上。

我们在原生家庭受的伤

我们如何对待孩子，有时候连自己都不知道，但**孩子就像海绵一般，当他一出生，就不断吸收着父母对待他的方式。**

大多数的人，面对家人的质疑、责难和负面思考时，都没有什么抵抗力。**因为是最亲的人，当他们责难你，或认为你这样做一定会失败的时候，心里的难受程度往往最深。**

很多时候，我们以为自己已经长大了，但事实上却仍像个孩子一样，活在对别人（尤其是父母）的恐惧里，而不自知。

依着旁人的喜好做决定？

加拿大的心理学家詹姆士 · 马西亚（James Marcia）根据艾瑞克森（Erikson）的发展理论，提出我们身为人的四种认同状态，其中有一种叫作“闭锁认同”。

在童年曾经历许多梦魇和负面思考的人，为了不想再被童年的噩梦牵制住，所以发展出一套看似清晰的目标和方向感的认同状态。这样的大人，他们好像已经做好清楚的抉择，但实际上这些决定却是未经思考，反倒是受父母或长辈期望所驱使，妥协之下的结果。这些孩子，通过权威的大人来定位自己的目标及方向，而非经过自己摸索、探索所得。

他们会做出一些决定，但内心不见得很认可，只是觉得这样做比较安全，身边的人也会比较喜欢，例如：

“我爸妈说我们都已经交往这么久了，虽然我没这么爱他，但有什么理由不结婚？”

“这工作虽然不是我最想要的，不过至少我的家人感到很开心……”

这种期待让身边的人都开心的“伪安全感”，很容易让人掩盖自己内心真实的声音。可能必须等到讨好所有人，讨好到累了，才会感受到好像自己的人生有许多的遗憾，于是开始怪自己没有依照自己内心的想法来生活。

学习用自己的方式发声

容易以长辈或权威者的意见为意见的孩子，表面上虽然看起来是大人，但心智上却仍受制于父母或权威者。这样的风险在于一旦环境改变，或权威者消失，他们就会茫然无所依，也因为这些决定都不是他们自己内心想做的，所以当他们遇到挫折或失意时，就会开始怨天尤人，并且更负面地想自己的人生。

在孩子尚未独立时，依照权威者的意见走，不觉得自己的感受重要，听妈妈或爸爸的话比较重要，他们其实是不相信自己的判断和决定，以及惧怕违背权威会有不好的后果，例如不被爱、失去支持、不被认可等。

但长大的过程，不就是这样吗？我们学着用自己的直觉和判断走人生的道路。那种感觉虽然忐忑不安，但却是依循内心真正的声音，用自己的方式发声，去摸索自己的人生。

不过，**当一个听话的乖小孩突然之间决定这么做时，一开始，他的内心很自然地会产生内疚和羞愧感：**

“我这样做（不听话），是不是会伤了谁？”

“这样做，真的好吗？”

“如果做错了，事情变糟了，我还是那个好孩子吗？”

周遭的人也因为不习惯我们的改变，开始批评我们：

“你疯了！”

“你确定？”

“你怎么可以擅自做主？”

“你真不听话，真叫我们伤心。”

当面对亲爱的家人这么说时，一开始，心里一定很难受，但这个过程就像破茧而出，**你可以寻找一起成长的支持系统，陪伴自己一起走，才有机会长出自己的样子。**

疼惜自己的练习（十四）

当长大后的你发现不是你所期待的自己的样子时，请千万别自责，也别感到羞愧，也许可以试着用以下步骤做些调整：

一、建立自我认可的标的

“在你的生命中，有哪些时刻是你聆听自己的内心所做出的决定呢？”请写下来。例如：

· 十八岁那年，我选择的大学要离家远一点。

· 二十二岁那年，我决定要养一只宠物。

· 十五岁那年，我决定要好好发展自己的音乐天分。

1.____。

2.____。

3.____。

二、找出你的支持系统

1. 如果你要自己做出一个决定，那么你身边的人，谁最懂得你的决定？

2. 他会说些什么／会用什么方法，让你知道他支持你的决定？

（1）____。

（2）____。

（3）____。

3. **放大器原理**：想象你正在使用“扩大机”，让这些支持你的声音暂时扩大。

三、缩小反对的声音

当你做决定的时候，你身边的人，谁最可能反对？他的说辞合理吗？如果放手一搏，你会用什么方式“暂时缩小这个声音”，让自己好好往目标闯闯看呢？（请尽量多列举）

____，

____，

____。

四、认清父母并非全知全能

认清我们的父母／权威者虽然比我们早二十几年来到这个世界上，他们或许懂得比我们多，但也并非全知全能，所以我们不该再执着于认为父母“应该比我知道……”“应该比较行……”“做的决定应该比较对……”

因为事实上，父母也有他们的难题与困境，甚至在父母童年时，也可能遭受过忽略与未得到爱，而若父母未曾得到爱，他们当然也不知道该如何来爱我们啊。

“从婚纱到蜜月，我们都不能输别人啊。”——无底洞型

当女友愈觉得自己没安全感，就愈像是个贪心的女人，也愈鄙视他付出的努力。

“这是小敏的婚纱照，是到国外拍的，实在太美了。你看看人家老公多有心啊……”

只要女友一收到朋友的喜帖，他就感到莫大的压力，因为女友会一直细数别人有多好。

“等我们结婚时，可不能丢脸啊。”女友继续念叨。

“我觉得我们的重点应该是在蜜月吧！”他回应。

“我通通都要，缺一不可，你不要那么小气。”

“好啦，那么我们去意大利度蜜月，好不好？”他自认为丢出一张王牌。

“意大利有什么好？我同事蜜月旅行是去冰岛看极光。

你只知道意大利，还在那边邀功，还问我要不要。跟你讲，通通不够……”女友嘟起嘴巴。

疲累不已的男友

他觉得女友好像有点贪心，但看着她无辜的表情，又觉得自己是不是误会她了。

他们是在联谊会上认识的。他觉得当女友“拿他与别人比较”的时候，有点势利，但他不免也考虑到这可能来自女友的没安全感。

女友来自父母不和的家庭，她的小弟在出生时有呼吸道的问题，从此，家里为小弟的健康问题头疼不已。

原本家中万分期待能抱孙子，没想到等到的却是一个孱弱的孩子，所以女友的父母一直为钱、为谁的基因比较差等问题，不断争吵着。

身为长女的她，完全感受到贫贱夫妻百事哀的气息。父母分房睡，不再说话，徒留一个假婚姻。不想照顾弟弟的父母，也把弟弟丢给爷爷奶奶。

“这没什么……”“那没什么……”“你格局也未免太小了吧！”“你也未免太没见过世面了吧！”每一句刺人的话，都传达了她的优越感，而“这又没什么”这句话完全磨灭了他的努力，他觉得好疲累啊。

我们在原生家庭受的伤

她的伤痛有其缘由。**遇到孩子有身体上的病痛，这无疑是身为父母最煎熬的时刻了。**

新手父母严峻的挑战

夫妻之间的挑战本来就已经很多。当我们成为父母时，都会希望孩子能平安长大成人。但当有了孩子，一般父母要面临的第一个挑战是生活作息大乱。例如，孩子四小时要喝一次奶，其间还要注意孩子睡姿是否危险，是否会阻断呼吸，以及孩子的身高、体重、头围是否正常发展，尿布疹如何根治等。

新手父母除了必须承受照顾孩子的压力之外，还会面临人生中第一次怎么睡也睡不饱，精神不好又情绪崩溃的状态，如果再加上新手母亲产后荷尔蒙的躁动，那么往往会更激化对生活的无助感。

等孩子长大一点，孩子要吃什么副食品；家里的家具要如何摆放，才不致让孩子危险等；而若孩子的作息没调整好，在不该睡的时候睡，晚上哭闹尖叫不睡，大人早已累趴。

好似每一回合，父母才刚对孩子有些把握，有些上手，就又得轮番面对下一回合的挑战。

父母实在太过疲惫，而孩子又不听话时，父母的内心会悄悄出现：

“我都得不到，你凭什么得到？”

“我爸妈才没有这样对我，我都对你这样，你还不珍惜？”

“你是不会体贴一点哦！”

“听不懂人话吗？”

“都这么大了还这样，幼稚！”

如果夫妻失和，却又要照顾稚嫩的幼儿，那么状况将更严峻。除了无法给予彼此支持和鼓励外，还可能会彼此计较，例如有一方可能会说：

“为了孩子，你又做了什么？”

“我跟你讲，少在那边推卸责任。”

但可能又顾虑“吵架不要在长辈面前吵”或“吵架不要在小孩面前吵”，而让彼此将不满积聚在心里。

此时，父母的内心都没有机会被照顾到，反倒是竞争和彼此攻讦的成分居多，这个时期会持续两到三年。

别对孩子说：“那又没什么，你有什么好难过的？”

若彼此的需求都没获得适当的响应，这样的心态就很容易延伸到第三人——孩子身上。孩子很容易就变成夫妻笼络的对象。

若父母心里的压力与痛苦没机会被彼此照顾，那么也很难照顾到孩子的心理需求。

当孩子在成长过程中有难受、失望、无助的心情时，父母的这一句“那又没什么，你有什么好难过的”，完全不是轻声的安慰，反倒变成羞辱，意思是“我比你强，我很行，你不行”。

此时，长期得不到对方肯定的父母，为了证明自己是对的，往往会将别人的需求拿来开玩笑，弱化别人的感受，认为自己才是对的。

而当父母对彼此没有同理的能力，在孩子出生后，他们也无法同理孩子，甚至反而可能将孩子视为证明自己比较行的比较对象，让孩子感到追赶不上大人。

父母双方如果都是没安全感的大人，这两个大孩子通过自己孩子成长的过程，渐渐意识到一个比自己更弱小的人出现，只有和这个小孩相比，才能衬出自己无比的强大。

当这些成人面对小孩的无助和恐惧，他们会利用这个机会，**通过掌握小孩的恐惧来驾驭自己内心无法控制的不安。**如果这个孩子有弟弟妹妹，他会让这一幕重演。也就是当他占据优势地位的时候，他会让另一个人扮演弱小无助、充满羡慕的角色，那个自己也曾经扮演过的角色。

一个人对弱者轻蔑，实际上是为了避免暴露自己的无助。

这是隐藏内心脆弱最好的方式。

真正强大的人，能经由自身经验了解他自己的内心也存在着软弱，所以不需要用轻视别人的方式来展现自己的力量。

疼惜自己的练习（十五）

以案例里的男女朋友为例，如何避免自己成为那个无底洞一样的女友？**重点是要正视自己有需求，且能够看见对方的极限在哪里**，这样才能促进彼此的亲密关系，而不是让无限上纲的要求消磨彼此的情感。

其实，**无底洞的人通常都是最没安全感的**，这种心态某种程度就像囤积症，搜集了很多，但却一晃眼什么都没有了。

无底洞的人在生命早期因为需求被忽视，所以会在另一个人身上追讨。我们应该正视的是你过去被剥夺和不被正视需求的伤痛。

你要记得：

“在这个世界上，没有人应该拿你的需要开玩笑。”

“也不该有人把自己没满足的需求放到你身上，要你给予。”

步骤一：罗列你的失落清单

请你想一想，从小到大，你生命中最常轻蔑你的人是谁。谁最常跟你说“这算什么？”“这有什么值得你哭的？”，甚至除了无法对你的感觉感同身受外，他还说“那不重要！”“那又怎样？”“笑死人！”“你说出去一定会被嘲笑……”等。

步骤二：制作自己的防护网

其实，常嘲笑别人的人往往是最不堪的。他害怕这些坏事落到他身上，所以他最常见的反应就是“我要‘假装’那没什么”，我要告诉自己“这不算什么”，那是他们面对焦虑唯一的反应方式。

当他们终于撑过时，一方面觉得松了一口气，另一方面又告诉自己这些过程不能被看见，因为一定会被嘲笑，一定会被轻视，一定会被视为无能。

但**这些“一定”都是在掩饰自己的害怕。**当他们听到别人害怕时，因为他们不准自己害怕，所以也无法对别人感同身受。

就像你对对方说：“我头好晕”。对方说：“那又怎样？我上次晕到想吐。”

你对对方说：“失恋好苦。”对方说：“那又怎样，上次我失恋更惨烈，你那不算什么。”或者是“人总会失恋，失恋是下一段恋情的养分”这种故作镇定的说法。

所以，**面对这样的人，不听、不看以及不在乎是必要的。**

步骤三：将责任还给对方

因为他们觉得自己不好看，就认为别人也不好看，且将这个当作普世价值，因而劝说着彷徨、忐忑的你：

“千万别让别人知道，别人知道后，一定会觉得你很差。”

“你这样很丢脸，千万别让别人有机会笑你。”

当他们吓唬到对方，才感受到自己是聪明的，也慢慢从你信服的眼神感觉到自己是有信心的。

步骤四：设置你的付出底线

除了设定自己的付出底线外，请记得，当对方这样讲你，不见得是你不好。

他们的提醒是针对他们自己。他们觉得自己会被嘲笑、丢脸、遭到拒绝或不被喜欢，所以将这样的观点投诸到你身上。

其实，我们每个人都会害怕被奚落、被嘲讽，但这些害怕，并不是因为我们不够好，而是因为那些我们视为重要的他人的评价及眼光，会让我们在瞬间感觉失去自己的价值。

但亲爱的你，请你记得，无论是谁，都不该忽视你的价值，我们来到这世界上，都有我们存在的意义，也都有我们存在的价值。

无法离开外遇的太太——没安全感型

为什么另一半常常打你，你却不离婚？

“有他的话，至少我看起来很正常，我有一段看似正常的婚姻。”

这是一次夫妻晤谈，但我只等到了先生。

先生一进门就哭丧着脸：“我到底做错了什么？她逼着我签字，说要我把小孩给她。我劝不动她，她已经把小孩带回娘家了！我觉得我很失败，她说走就走，就像是变了一个人！……我甚至不知道那个小孩是不是和我生的……”

十几年的感情像是一场空，先生的无助、沮丧，弥漫在整间晤谈室里，他像一只战败的公鸡。

这是太太第三次有外遇被抓包，没想到，太太反而吵着闹离婚。他看着太太坚决要离开，心里满是苦楚。

急于逃离原生家庭的男孩

当年，他看着妈妈每天都在找爸爸麻烦，因为爸爸不答应妈妈离婚。妈妈离不成婚就找他吐苦水，说他爸有多糟，要他长大后千万不要像他爸一样。

老实说，他当时很厌倦那样的生活，他也很气爸爸为什么不跟妈妈离婚，可是现在，他似乎有点明白了爸爸的感受。

从小，他一直想逃离这样的家。他努力打工赚钱，也认真念书，拼命兼顾着课业和工作，就是想快点搬出去，离开争吵不休的父母。

当年的他，喜欢班上的一位女同学。那女孩学习很认真，总是与他在课业上竞争。每一回，他瞧见女孩认真的神情、努力的态度，就能激励他的斗志。

他知道女孩也想逃离家庭，于是他展开热烈的追求。即使后来因为女孩劈腿而让他伤痕累累，两人之间也经历多次分合，但是他仍去提亲，把她娶回了家。

内心早已伤痕累累

没想到，婚后太太外遇不断。对于太太，他觉得已经没有爱，只剩不甘心。但是，自己依旧离不开她。

他感到很挫败，更对身边的人难以启齿。他将太太的外遇当作自己的耻辱，但他不懂，为什么愈是讨厌太太，却愈无法恨她。

是他觉得自己被伤得还不够，还是他爱到无可自拔，连这种耻辱都能爱进去？

其实，自从第一次知道太太有外遇后，他就已经整天惶惶不安。他想紧盯太太的行程，看她所有的邮件，查她的手机，甚至还拿到太太的手机密码。

太太常常对他说："我不想骗你，所以密码都给你，对话记录也不会删。"没想到，他看到的尽是太太与外人在手机上的亲密对话。

他气到发抖，看着太太的懊恼中带有"我对你很诚实，所以不想骗你"的模样，他真的感到很厌烦。

"是，你诚实到重重伤害我，这样对吗？"

可偏偏他又离不开她。

“我对她的要求，已经是底线了。她可以不用做任何家务，也可以不用照顾小孩……她为什么还要这样对我？好像连看到我都厌烦，我真的这么不值得留恋吗？”

我们在原生家庭受的伤

加藤谛三曾说：“对某些人来说，即便一辈子要待在地狱里，也比踏入新生活要来得好。”如果你只要一想到分手或离婚，就觉得自己的人生要毁灭了，那么，你可能已罹患不爱会死的“爱情上瘾症”。

将自我价值和对方绑在一起

或许你身边也有这样的朋友，他们不断抱怨另一半劈腿，或对他们很糟，但他们却怎样也断绝不了这段糟糕的关系。

身为他们的朋友，我们心里不免好奇：“为什么对方一再劈腿，你却能继续忍耐？”“为什么他常常打你，你还不签字离婚？”

好像不管有多糟糕，只要对方在，似乎就能一切照旧。也就是不管还有没有爱，只要不变动就是最好的选择。所以，这个选择根本与对方无关，而跟你自己有关。

你将自我价值和对方绑在一起，所以当对方走了，似乎连一部分的你也被带走了。这与某些人为什么与外遇分不开的道理是一样的。当我们的一部分自我价值与对方绑在一起，即使想离开，也是没有办法的。

因为**只要对方一走，就带走了一部分的你。而你只剩下不被爱的自己，**所以你宁可留住令人讨厌的他，也不愿承受只剩下独自一人的孤单。于是，在孤单与不满的选项中，你会选择不满，而无法承受孤单。

让自己的底线无下限

当对方做得愈过分，你就愈退愈多。你一边伤心地指责对方，一边却又让底线无下限。因为倘若没有这段糟糕的关系，你就什么都没有了，所以留住糟糕的关系，也比没有关系好，这种“伪安全状态”似乎变得可以被容忍，其实这是一种精神上的自虐。

这种类型的人不肯承认自己待在一段糟糕的关系里，他们也拒绝承认“这状况根本没有解决”。**于是搬出一件又一件待解决的事情，好像去做很多事情，试图将这段关系扭转，但却无法解决来自心底的新仇旧恨、愤怒和不安，**无法正视彼此的关系已经溃烂和腐败。

这就像是待在一间被纵火的屋子里，屋子里的人大声喊出的不是“救命”，而是跟别人说：“火是他放的。”然后不肯逃命。

不肯逃的原因很简单，就是他会认为如果对方真的要伤害我，那为什么火放得不够大，所以他至少还对我有些情分。但最终，你会和房子一起被烧掉。

合理化自己的行为

弗洛伊德（Freud）曾说：“夸大的表现，正是凸显缺乏。”一般人如果还保有一些理智，大多都不会选择待在这样失衡而糟糕的关系里。

当一个人开始夸大且合理化自己的处境，并持续对自己说：

“我应该还可以再努力些什么吧？”

“我应该是很爱他才这样吧！”

这些合理化的说法与借口都像毒品。有了毒品并不会让你更好，没了毒品，你却没戒断的勇气，那么，你也会崩溃。

每一次都说会离开，却怎样也离开不了。进退两难许久之后，对自己也会逐渐失去信心。持续不满、不快乐，但却不离开，只是一再告诉自己：

“有他的话，至少我看起来很正常，我有一段看似正常的婚姻。”

这种类型的人正在做的是，紧紧抓住另一半，即便委曲求全也要赖着，否则自己将什么都不是。

你的内在是别人的战场吗

如果一个人发现自己的内在是这样的状况，通常都会开始懊恼自己怎么会变成这样。

为什么得依靠对方，才能定位自己的价值?

为什么离不开讨厌的人、卑劣的人、虐待自己的人?

为什么逃离了讨厌的家，却选择了另一个困境?

当你恋爱的动机来自原生家庭中与父母关系的患得患失时，那么，你就容易感到不安。而处理这份不安的方式，往往是找另一个人来陪。但是，你并无法真的感受到爱，你在处理的，只是自己的孤单而已。

当一个人还没有确认自己想要什么就陷入恋情里，那么他往往只是想解决自己内心的冲突，而将自己带离原生家庭的困境。

这种动机出自不安，这种解决“我孤单”、解决“我没人陪”的动机，并不是爱。出自不安所建立的人际关系，即便令人厌烦，也很难摆脱，甚至像个无赖。

一段健康的人际关系，并不会把自己的内在让出，当作任人践踏的战场，出卖自己的心灵和尊严，只因为那糟糕的关系和被糟蹋的处境。这样的人，无论怎样都无法真正从爱中得到成长和救赎，反倒是在原地承受遍体鳞伤。

疼惜自己的练习（十六）

亲爱的你，现在应该是好好看看这份不安如何影响你在爱情中的姿态的时候了。

你知道吗？**你害怕失去对方，这种害怕很真实，于是你容忍、退让，但你不知道对方的心在哪里，所以更加不甘心，于是，你整天心神不宁，每天愤愤不平。**

现在，**请举办一场“与自己的过去说再见”的告别式。**

时期：________________________________。（婚后第几年、大学时期、初中阶段、高中阶段……）

对象：________________________________。

当时发生了什么事？____________________。

你在当下的想法是______________________。

你当时真实的心情是____________________________

____。

如果可以，我想告诉自己的是________________。

如果可以，我最想与这段经验告别的是__________

____。

而五年后，我会与现在的自己说些什么呢？______

____

____。

在别人拒绝他之前，他就先拒绝别人——拒绝型

他不断谈恋爱，但每次都失败，因为他谈恋爱只是为了安抚自己童年孤单时的无助，而不是为了经营两个人的情感。

“你知不知道妈妈是自己一个人带孩子，很辛苦，为什么你不懂事点？”

“你爸爸不要你了，你怎么还这么不听话？”

她掩面哭泣，躲到被子里，想隔绝这令人绝望的一切，包括十岁的儿子。

十岁的儿子，却完全不懂妈妈发生了什么事，自己又做错了什么。

有好几次，他想靠近妈妈，但却很害怕。于是，他无法不这么想：

“我真是个灾难……”

“是我害她变成这样的……”

“如果没有我就好了……”

一个多余的人

当年妈妈意外怀孕，只好仓促地办了简单的婚礼，但婆婆看不起她，总趁她儿子不在时，不断冷嘲热讽、数落她。

妈妈最终选择离开那个家。只是对他，好像也没办法再付出更多，而且只要他一犯错，她心底的那个空缺就出现。孩子总不是在控制内的，这道理谁都知道，可谁能接受？

外婆对妈妈的拒绝，让她感受到自己是拖油瓶，如今，她偶尔也会觉得，小孩的存在是多余的。加上对先生的不谅解与失望，这份情绪也下意识地转移到孩子身上，她认为孩子不能对她有更多要求，拒绝孩子所有的需要，并认为孩子的需求都是在针对她，找她的麻烦。

长大后的他，在每段交往关系中都无法很投入。他常常无法给予对方肯定和赞美，因为他想象如果赞美对方太多，“对方就会自满，对方就不会再付出更多”。他也不敢对彼此的关系加以承诺或规划，因为他觉得到头来一定是令人失望的。

只要一和对方吵架，他就封锁一切，也认为对方一定不想再理他。为了不被拒绝，他就先拒绝别人，甚至莫名其妙地消失，好惩罚对方可能对他的拒绝。

最后他会否认一切，说：

“那女生其实也没有好到哪里去。”

“真是好笑，明明是你有问题，却说我有问题。”

说这些话，其实并没有让他好受。

他只是太害怕被拒绝，所以用最坏的方式断尾求生。

我们在原生家庭受的伤

一个在成长过程中常常被拒绝的孩子，他对世界是不信任的。他不相信有人可以帮助他，所以当他遇到困难时，他不能讲，也习惯于不讲。

觉察自己不安或恐惧的原因

我记得过去曾接过一个案例，当母亲生孩子的气时，她会威胁要把他放进冰箱冰死，以致孩子后来上厕所都不敢关门，连开冰箱都要离得远远的。对于密闭的空间，也总是有窒碍感。

还有另一个个案，是一个孩子被母亲关进厕所，但母亲竟然忘记了。所以，他长大后，只要孤独一人时，就会感到强烈的不安，甚至莫名地想哭。

在前面提到的案例中，他所遇上的是第一个主要照顾者对他长期拒绝，这种被孤立的感觉，就像世界毁灭一样剧烈且强大。

他不断谈恋爱，但每次谈都失败，因为他谈恋爱只是为了安抚自己童年孤单时的无助，而不是为了经营两个人的情感。

当我们面对自己的不安时，需要好好看一看这残酷威胁的来源，就像私家侦探一样，拼凑出当年可能发生的事，例如一个小时候被母亲关进厕所的孩子，那是一种被世界孤立，

“有谁知道我在这里，有谁能救救我”的恐惧……

如果我们能好好觉察，那么就能理解，这样长大的孩子往往会有“害怕被抛弃”的恐惧、“觉得自己不值得被爱”的恐惧，甚至“认为别人的意图都是恶意”的恐惧。

疼惜自己的练习（十七）

有时候，当一个人做了一件事，却不被认同，甚至还被指责时，在那一瞬间，往往会有一种不被相信和理解的孤独感，会觉得“自我”受伤了。

不过，想想我们身上的各种器官，这些器官并不会因为别人的否定而不存在，只有“自我”，会因为别人的否定而受伤或崩坏。

所以，**请记得，“自我”来自你自己，来自你对自己的看法与评价。**

别人的意见或看法，请仅止于参考，别将他人对你的看法像标签一般，牢牢贴在自己身上。

因此，当他人对你说：“你很棒。”固然值得你开心，但当他人对你说“你很糟”或“你真没用”时，也别就因此否定自己。

善用“万能选择筛”

有时，我们的恐惧来自担心被孤立，但你可以去注视恐惧，梳理你的恐惧，或者**选择与自己的恐惧共处，而不是扩大恐惧**，以免让自己的生活与生命被钳制。

为什么当他人说“你这样真的很不像话”或“你这样真的很糟糕”时，你就觉得自己是这样的人了呢？除了肯定你自己，知道自己是谁，给自己更多自信之外，你可以**试试“万能选择筛”。这是指你听到的话语，你可以自己选择一些话语让它筛掉，从你指间流走，而不让它影响你的心情或生活。**

你是有选择权的，请别放弃这份权利。

请记得，你来到这世上，绝对不是为谁带来麻烦或不幸。只要人活着，伤痛就免不了，但我们只要愿意回头帮自己梳理那些过往的伤痛，那么，我们就能继续往前走。

她发誓一辈子不结婚——无法爱型

年近三十岁的她，虽然各方面的条件都非常好，
但她却早已决定不婚、不生育。

她不是没渴望过恋情，只是往往在恋情发展得还不错，而对方要有下一步结婚的打算时，她就会立即分手。而当年龄渐长，她的择偶条件也明确地变成“不婚、不生育，相伴就好”。

她在大家庭中长大，从小看着妈妈包办家族中所有的事，而且每当妈妈煮了新菜时，就会叮咛她：“这些菜，你都要学会，这样嫁到人家家里，人家才会疼你。”可是，她忘不了每回妈妈辛苦做完菜，却总被奶奶嫌弃到只能躲在厨房偷哭的状况。

后来，妈妈离了婚。从懂事以来，她觉得妈妈长期被勒索，不想重蹈妈妈的覆辙。

我们在原生家庭受的伤

有时候，我们会以拒绝付出来避免受到伤害。案例中的女孩，为了不步妈妈后尘，所以决定“不婚、不生育，相伴就好”。看起来她似乎掌握了人生的自主权，但真是如此吗？她真能活出与母亲不同的人生吗？又或是她的决定，其实还是原生家庭里父母关系的延续呢？

孩子容易吸收父母的情绪

在家庭治疗中，我们常会提到“家庭投射历程”，意思是**家庭的情绪往往在不自觉的状况下，以某种隐晦、间接的形式，在家庭中的每个成员身上流动。**

例如，当妈妈受到委屈、一肚子气时，她在家中会感到烦闷，而这样的心情就会很容易让她对孩子感到不耐烦；或是当一个妈妈在家自暴自弃，当孩子看到妈妈自暴自弃的样子时，很容易会感到无助、有压力，会觉得这都是其他长辈害的，于是开始拒绝听从长辈的要求，不过，这反而容易让长辈更加有理由对妈妈施压：“你连小孩都教不好。”

而当这样的情绪在家庭中流动时，家庭成员中的某一个人可能成为吸收情绪的最大个体，以排解这些焦虑所引发的冲突。

在华人社会中，通常是长子或长女担任这种吸收家族情绪的角色。因为他们常常会被赋予长姊如母、长兄如父的职责，进而直接扛下家中比较多的责任，甚至还需要负责排解家人之间的纷争，但在有些家庭，则是最听话的孩子担起这个责任。

重新思索与重视自己的需求

其实，我们必须理解，父母的婚姻可能都有他们当年的难处，哪怕是我们，如果处在当时的情境中，可能也无法更妥善地面对或处理。

所以，除了对当年的父母多一些谅解，我们也需要回头看自己，回头看看我们自身的需求。因为只要是人，就都有被爱、被尊重、被信任、被照顾的需求与渴望。所以，请别让父母过往的相处经验阻碍了你获得幸福的可能与机会。

疼惜自己的练习（十八）

无论我们现在做什么样的决定，都需要好好整理自己的过往。

步骤一：回到自己的静心时刻

闭上你的眼睛，想一想，你最难对别人袒露的是哪些部分的自己，是五岁被亲戚说你脸很臭、爱生气的自己？是七岁时被同学欺负的自己？是十岁父母离异、不知所措的自己？是十五岁考试失利、十九岁时失恋的自己，还是三十岁失婚的自己，又或是三十一岁被小孩拒绝，难以承受的自己呢？

无论是哪个时候的自己，都请闭上眼睛。当你闭上眼睛，你眼前浮现的画面是何时的你呢？请将那些时刻简要地依序写下来。

______岁______________________________。

______岁______________________________。

______岁______________________________。

步骤二：承接感受的暖心练习

想一想，当你感到悲伤的时候，你都怎么做呢？请依以下步骤好好承接这份感受，写下它。

“当年的那件事，我感到______________________（例如：伤心）。”

“将______________________________表达出来，不会怎么样……”

“将______________________________表达出来，我并不会被剥夺……”

“将______________________________表达出来，我依然是安全的______________________________。”

“我接受我的________________________（伤心），因为很多人都会这样。”

“即便有了 ____________________________（伤心），我依然是很好的。”

“即便有了 ____________________________（伤心），我依然是值得被爱的。”

“即便有了 ____________________________（伤心），我依然是值得被喜欢、被欣赏的。”

步骤三：和父母的人生分离

我们必须厘清，自己的人生和父母的人生，终究是不一样的，如此才能真正成为一个为自己的生命做决定，而不是活在父母的阴影底下走不出来的人。

上述案例，我们可以这样厘清：

“是的，当我想到过去父母离婚的经历，我感到很无助，但那是父母的经验，那是母亲的伤痛，那不是我的。我可以警觉，我可以对自己有更多信心，我也要相信自己值得被爱、被珍惜。”

如果因为父母的婚姻经历而导致你对婚姻恐惧，对父母失望，那么，建议你：

一、列点下来

例如：

他们身为父母，就应该有能力处理自己的婚姻。

他们身为父母，就应该有能力照顾孩子。

他们身为父母，就应该懂小孩在想什么。

他们身为父母，就应该知道小孩的需要。

他们身为父母，就应该懂得处理自己遇到的每件事。

他们身为父母，就应该知道对每件事该怎么做最好的决定。

他们身为父母，就应该懂得怎么在家族中应对进退，让大家和乐融融。

二、充分质疑

1. 他们身为父母，就应该 __________________ 吗？

虽然他们身为父母，但他们不见得知道 __________

____。

2. 他们身为父母，就应该 __________________ 吗？

虽然他们身为父母，但他们不见得知道 __________

____。

3. 他们身为父母，就应该 __________________ 吗？

虽然他们身为父母，但他们不见得知道 __________

____。

4. 他们身为父母，就应该 __________________ 吗？

虽然他们身为父母，但他们不见得知道 __________

____。

5. 他们身为父母，就应该 __________________ 吗？

虽然他们身为父母，但他们不见得知道 __________

____。

也许做完后，你会发现："真的吗？""真是如此吗？""他们可能不知道怎么做吗？""他们不是应该知道怎么办吗？""他们是大人吔！怎么会不知道怎么办呢？"

了解父母的局限，并不是要让自己对他们感到失望，而是要我们理解，每个人在他们的人生中并不总是顺遂的。

小时候在我们眼里无所不能的父母，或许有他们自己的困境与局限。如何不让父母不幸又悲伤的婚姻影响我们对爱情、婚姻的看法，是我们可以努力觉察与反思的。我们还能借此提醒自己，如何做才能获得幸福。

辑三

我们不能选择家庭，但可以选择改变自己的人生

只要自己忍下来，就不会争执不休——忍让型

一交女友就脑残——拯救者型

不断逃避结婚的男友——无法投入型

无法仅满足于一段亲密关系——游戏人生型

总怀疑另一半出轨——疑心型

无法爱，更无法原谅——不懂爱型

总对另一半大呼小叫——盛气凌人型

宁可守着婚姻空壳——牺牲型

夹在妈妈和太太之间的先生——绝望型

只要自己忍下来，就不会争执不休——忍让型

他渴望太太能认同他、赞美他，

因为那能弥补他从小到大都没获得的肯定。

“你这没良心又没用的人，我只不过是要你下班后顺便买个菜，会怎样？”太太忍不住生气地质问先生。

只要太太一跛扈，他马上就范。

虽然就范了，但他不免嘀咕：“老婆，你怎么这样说我啊？”

“你有什么意见？”太太有点怒意地问。

“算了……”他不再多说什么。

“少在那边不情愿，这对你来说是很简单的事情。你这人老是小气又爱计较。你看隔壁谁谁谁的老公，才不会这样，把他老婆捧得像太皇太后，不像我，遇到你这种的……”

他已经厌烦太太的说辞，只要他不从太太的愿，她不是羞辱他，就是回娘家向长辈告状。接下来，全世界都会怪罪他。

他已经受够这样的关系，一脸无奈的表情，不情愿地说着：“你如果比较喜欢当太皇太后，去嫁太上皇啊！”

“你在说什么啊？我是倒了几辈子的霉才嫁给你，你再给我摆那张脸，试试看。”

太太颐指气使的态度，把他贬低到极点。他害怕别人对他不满的神情，尤其是太太。但他其实是一个工作能力强、自尊心高的人，他也不懂自己为什么可以如此忍受太太的责骂。

转移父母之间冲突的孩子

从小，他看着自己的父母吵个不停。当时在他小小的心灵里，常常觉得是不是只要爸爸或妈妈其中一个人愿意忍让一下，或是不是自己更乖、更孝顺，那爸爸妈妈就不会吵了吧。于是，他不断地追求好表现，借由优异的表现、乖巧，并且凡事忍让，希望让父母开心。

他最爱听到父亲说："我这个三儿子，是我们陈家的骄傲，他……"借此转移父母之间频繁的冲突。从此，他要求自己不让任何人担心，不被挑剔，不让任何人有指责他的机会。

结婚后，他自认为对家庭、太太尽心尽力，但太太却仍然不满意，还常常以言语奚落他。

他没想过反击或放弃，反而更倾尽所有，只为了让太太开口肯定"他是个顾家、脾气好、温顺的好男人"。他渴望太太能认同他、赞美他，因为那能弥补他从小到大都没获得的肯定。

一个愈努力却愈烦闷的男人

他默默希望通过自己的努力，营造一个宁静、温馨的家。但没想到，不仅无法如愿，他竟渐渐变成一个在感情中压抑到极致的怨夫。

他有苦说不出，除了觉得被太太无止境地压榨外，还要被太太娘家的人纠正、指责该怎么做，这些烦闷锁在他内心深处。

他无法接受与面对自己的努力是无效的，只要一察觉无效，他就更努力。只是这样的忍让并无法解决他们夫妻之间的冲突，反而让他不断重复地看到他父母之间永远彼此贬抑、耻笑对方不够好，以及永无止境、令人生厌的抱怨。

我们在原生家庭受的伤

上述案例中的这对夫妻，他们的互动其实在我们的生活周遭很常见，也就是“个性温顺好人型先生—幼稚自私的太太”或“能力好的完美女神太太—无法自理生活的鲁蛇先生”这样的组合。

案例中的先生因害怕被嫌弃，所以常常降低姿态面对太太的颐指气使，这成为他们之间的互动模式。因此，并不是太太过度嚣张、跋扈导致先生低姿态，而是先生的低姿态促成了太太的嚣张态度。

“一方跋扈，一方隐忍”的恶性循环

家庭问题往往是夫妻双方共同促成目前的互动模式，所以双方都有责任，也都要为目前的关系负责。

两人会被对方吸引，一定有很多因素，包括性格、习惯、态度和观念，甚至两方家庭的互动等。但就夫妻双方而言，先生的懦弱和委曲求全，正好加强了太太颐指气使的态度。

我们常听到太太说：“如果好好讲，他会听，我干吗这么用力？”但你也会听到先生说：“她平常都不尊重我，我不想让她得逞。”当先生愈不让太太得逞，太太就愈嚣张。太太愈嚣张，先生就更得不到他要的尊重，导致“一方跋扈，一方隐忍”的恶性循环。

这样的恶性循环将一而再、再而三对彼此的感情产生杀伤力，导致双方都很无力。

当一个孩子从小看见父母是这样互动时，例如：妈妈常对爸爸大声说话，爸爸都闷不吭声，那么，这个孩子可能会做出以下几种选择。

一、认同妈妈的大声说话

这种类型的孩子认同身为女生就是要强势。你看妈妈都已经这么强势了，还制不住爸爸，那如果不强势还得了？如果这孩子是女孩，就容易承袭妈妈的做法，认为家中一定要有人强势，否则整个家会乱。

二、不认同妈妈的大声说话

有些孩子会看穿母亲大声说话背后的无奈。妈妈私底下可能会跟他讲心事，会说自己“嫁错人”“你看我这么挑，却挑到这种木头人”。

当孩子吸收到母亲对自己或对婚姻的无助、无望，他们会看穿母亲大声说话背后的脆弱，并且从中安抚和试着协调父母之间的冲突。

三、认同父亲的不作声

这类孩子认为父亲很可怜，总是忍受母亲的大呼小叫，却不反击和争执。

他们认同父亲的压抑，也觉得当遇到事情的时候，采取“不做不错”的方式才是上策。他们体贴父亲的忍让，并在日后的亲密关系中忍让另一方的无理取闹，也较为害怕冲突。

四、不认同父亲的不作声

这种类型的孩子认为“默不作声”是懦弱的行为，并且针对父母的冲突，他们比较有自己的想法和意见，并希望父亲能够清楚地说出自己的观点和想法，不要以退缩、逃避或睁眼说瞎话的方式躲避问题。

这种类型的孩子不害怕冲突，常能直言父母问题的症结点，但父母的回避态度同时也会让他感到挫折。**有些孩子会以“我看开了，他们没救了”的观点来看待父母之间的关系，有些则是一辈子为父母奋战，希望能成为父母问题的解救者。**

五、其他

有些孩子认为父母的吵吵闹闹或者到最后冷若冰霜，这些都让关系失去甜蜜和温度，他们会要求自己不要像父亲默不作声，但也不要像母亲跋扈嚣张，**他们游走于拯救者、受**

害者、协调者和不爱者的各种角色中，希望能从父母的婚姻中得到教训，以便和伴侣间能有好的相处。

无论孩子最后选择哪一种角色，认同父母哪一方，这些角色都会因孩子的个性，以及对于父母冲突的结论，去向往和掌握自己的关系样貌。

因此，**我们需要对自己的选择有所觉知，对于自己选择的角色有所了解，以及看见现在关系的适用性，并保持弹性地面对自己与自己，以及自己与另一半的关系。**

在亲密关系中，可能有恶性循环，也有良性循环。对于恶性循环，我们需要觉察，并尝试调整。但除此之外，我们也需要多赞赏彼此，给彼此正向回馈，多鼓励对方成长，靠良性循环储存对彼此的正向感受和信任。如此一来，才有机会一反从父母婚姻里受的伤，化原本阻碍关系的绊脚石成为良好关系的垫脚石。

疼惜自己的练习（十九）

我们从上述“总认为自己是受害者”的案例中，可以回头观察自己，你和主要照顾者之间，彼此是怎么互动的呢？在你们互动的过程中，又是如何彼此回应的呢？

例如：你有一个权威型父亲，家中很多事情都是父亲说了算，母亲在家中没什么话语权，仅是搭配的角色。那么，在家中，你比较认同谁？在你自己的亲密关系中，这些对你有影响吗？又是如何影响的？____________

____________________________________，

____________________________________，

____________________________________。

你家中主要照顾者间相处的情形：____________

____

________________，____________________

____

____

______________________。

你最认同谁？____________________________。

你最不认同谁？__________________________。

面对他们之间的互动，如何影响你在亲密关系中的信念？______________________________________。

想一想，你在伴侣关系中决定要当一个____的人。但当你这样做时，对方的响应是什么？____________________________你喜欢这样的响应吗？______如果想调整，你会怎么和对方沟通呢？____，____。

我们都希望自己在亲密关系中是被喜欢、被珍惜，也是被对方最宠着、疼着的那个人，但**当与对方的关系不顺遂时，我们也得想想自己是否需要调整，而不是一味要求对方改变或埋怨对方。**

只要是人，都可能感受到“我不好”“我让身边的人不满意了”“我做得不是很正确”“我犯了一个错”，这些都是人生中的一部分。

但这不表示你不好、你没有价值，所以也请多肯定自己，并给自己一个机会，允许自己和脆弱共处。

一交女友就脑残——拯救者型

“无论对方要什么，我都答应，为什么她还要离开我啊？”他难过地问。

在别人眼里，他从小就是个品学兼优的好孩子，但他在感情上却十分不顺。

“为什么你这么晚回家？你都忘记了我在家等你吗？”他才一进门，女友就面露不悦。

“宝贝，我发信息给你了啊，而且我只是比平常晚回家五分钟而已……”他痴痴地笑，露出拜托的神情。

“我不管……今天，你怎么补偿我？”女友仍然不满。

“不然我请你吃大餐，补偿你等我的辛劳，好不好？”

“吔，你最好了！”看见女友终于露出笑容，他觉得这真是一天里最可贵的时刻了。

女友不愿外出工作，他觉得没有关系，就让他负担两人的生活。不过，女友只要有一点点不开心，就会把账算在他头上。

但他从来不埋怨，因为他觉得爱就是要付出全部，爱就是要让对方满意。

“他哦，只要交了女朋友，就像脑残了一样。”朋友这么说他，他也都承受。

他一向任女友予取予求，没想到，女友最后却还是移情别恋了。

他非常气愤，两人吵了一整晚。最后，他搬离了伤心地。

他始终责怪自己

进咨询室，他伤心地问我：“我到底做错了什么？”

其实，我知道他想问的是：“是我少做了什么，让这段感情变质了吗？”原来，他始终在责怪自己。

我对他说：“你可以停止责怪自己吗？你的问题在于，你做得太多了。”

从小，他爸妈吵架时，爸爸就会责怪妈妈："要不是看你有钱，我怎么会娶你？"后来爸爸有外遇，想离婚，但妈妈却不同意。因为妈妈觉得离婚会让家庭破碎，她不想拥有一个不完整的家庭。

后来，爸爸想创业，妈妈为了留住爸爸在她身边，总是回娘家借钱，结果，爸爸却一再投资失利。

妈妈总是说："你爸爸只是运气不好，他也没什么不良的嗜好，所以我们没有理由不给他机会，不是吗？"

但大半辈子过去了，爸爸永远在女人堆及投资失败里打转，而妈妈却永远对爸爸抱持着希望。

妈妈宁可抱着一个内在已破碎不堪的婚姻，也不肯放手。

我们在原生家庭受的伤

当别人对你予取予求，你的感受是什么呢？

"那也没什么。"

"我还可以承受。"

"我意志力很强。"

"我承受力很好。"

如果你的回答属于这一类型，那么，其实你并没有回答出要点。

因为，那是你说服自己的方法。

为什么我们无法怜惜自己

我换一个问法："如果今天你看到 A 对 B 予取予求，而 B 是你重要的家人，你的感受是什么呢？"

如果你的答案是充满怜悯、恻隐之心，还有生气或愤恨，那么，我想问你，你怎么没想过要这样怜惜自己呢？

怜惜自己，不代表你软弱。因为，不懂拒绝地付出，一个人只会被掏空。而被掏空之余，只能眼巴巴期待着对方可能会爱你。只可惜，对方不但不会爱你，甚至还看不见你。

为什么我们总要换个角度才能看见自己？

为什么我们无法看见自己的需求

这个答案，其实很多人都一样，因为你不习惯看见自己的需求。

通常当一个人把自己的需求缩到极小极小时，就很容易让对方对你颐指气使。亲密关系是公平的，也是一个互动的过程，“当你愈怯懦，对方就愈嚣张”“当你愈绅士，对方就愈无赖”，这不一定是个定律。但如果你遇到对爱没安全感，对自我也感到破碎的另一半，那么，就很容易被予取予求，要求无上限。甚至当你已经付出全部时，还会被对方挑剔做得不够多、不够好；而当你让出自己的一切时，对方却可能觉得这原本就是应该的。

就是这一句“应该”，你需要划出自己的底线。划出底线不代表你能力不够、承受力不足，或挫折容忍力不够，而是你找回自尊心，让对方有机会尊重你的感受的表现。

在亲密关系中，更需划出相处的底线

在亲密关系中，当你不习惯看见自己的需求，当你不习惯提出自己的需求时，对方就容易忽视你的需求，而且对方最常脱口而出的说辞是：

“你又没讲，我怎么知道？”

“你什么时候有这种想法了？你不是都没意见吗？”

“你不是说‘我说了算’，现在是怎样？”

于是，你更不开口提到自己的需求，因为你觉得承认自己有需求，就好像让对方说中了，或看穿了。但这是家人间的关系，不是商场的对价关系。**如果你提到自己的需求，还要担心对方鄙视你、嫌弃你或羞辱你，那么这样的情感关系或许不该继续。**

疼惜自己的练习（二十）

你最害怕的心情或状态是什么？是胆怯、羞赧、喜悦、快乐、享受、尽兴、疲累，还是堕落、无希望感、失败、骄傲、高兴……

请你回忆，在小时候当你有这样的心情时，通常你会被如何对待？

在谁面前，你最不被允许有上述感受？

在你小时候，曾经看到谁有这样的感受，但结果却是不好的，以至于你开始也跟自己说，不要跟他一样？

每一个你不允许自己所拥有的感受，都请你问自己“为什么”。

例如：为什么你不能承认累了？为什么你不能生气？为什么你不能感到羞赧？为什么你不能感到享受？为什么不能快乐？为什么不能玩乐？为什么不能胆怯？

相信每一个“为什么”的背后，都有一个专属你的故事。

将你最想记录的故事写下来。

想一想，你身边的朋友有没有相反的经验？

例如，有谁羞赧，却没被责备；有谁疲累了，被好好照顾；有谁很快乐，且感染身边的人等。

我们每个人的心情和感受都有它必然存在的价值和

意义。当我们过度在意他人的评价时，就容易被别人牵制且掌控，进而让自己活在他人的想法与评价里。

但如果我们过度忽略，就容易否定自己的感受，否定身边也有相同心情的人，甚至否定孩子有这样的感觉，然后使自己和孩子都陷入这个怪圈，跳脱不出来。

就像案例中的母亲，认为“委曲求全，无私地拯救另一半的爱，才是爱”，以致她的儿子在与女友相处上，总是毫无限制地被予取予求，最后还认为被劈腿是自己的错。

我们当父母的，都不想自己身上受过的伤在孩子身上重蹈覆辙。所以，我们身为父母，应该从我们自己开始，将感受重新找回来，无论是不好的、脏的、坏的、不被允许的，我们都要相信，那就是我们，**也请跟这个部分的自己说：“我接受你，无论你是怎样的，我都接受你。”**

不断逃避结婚的男友——无法投入型

“我是跟你结婚，又不是跟你妈结婚，为什么你要问你妈？”女友忍不住生气地问。

“我们都已经三十好几了，也该结婚了吧？”

收到许多“红色炸弹”，女友顺势问了他一下。

“我觉得缓一缓吧！”

女友听到这句话，脸色一沉。

“为什么？你也老大不小了，难道要等到我人老珠黄，都没办法生小孩了，你才要娶我吗？”女友语气里掩藏不住愠火。

“这种事情，我要跟我妈讨论，我们要尊重长辈的意见。”

“我是跟你结婚，又不是跟你妈结婚，为什么你要问你妈？”

她不是不尊敬长辈，只是每一次提结婚，男友都拿长辈来挡，她实在受不了。

母亲不断对儿子耳提面命

每当女友提出要和他步入婚姻殿堂，他就非常焦虑。

“女人都不能相信啊，依照你的个性，你结了婚，一定会离婚。她们要不是觊觎你的财产，就是我这边的房子。”

“我看人很准，你记不记得隔壁的王先生？我才跟他说娶那个女生不好，结果他就出事了，早年中风。”

母亲的耳提面命在他心里变成一个牢笼。他需要爱，但对女生没信心，也对自己能否留住一段长久的婚姻关系没有把握。

他相信母亲精准的眼光，但也害怕母亲质疑的神情，那些对他未来的“早知道”都像一则则骄傲的预言，他害怕被说中。

当女友提到结婚、婚礼、宝宝时，他没有雀跃与幸福感，反而有种被诅咒的声音在心里回荡着。

他能想象，一旦他结了婚，母亲将会疯狂地施下更多咒语。

母亲真正害怕的事

“为什么我们不能维持现状？现在这种状况不是很好吗？”

“拜托，饶过我好吗？让我耳根清净点，好吗？”当他这样央求女友，女友觉得他根本是在逃避问题。

相爱的两人结婚不是理所当然的事吗？为什么却变成她一直在勉强对方？

他不敢跟女友开口的是，我妈曾说：“等我四十五岁结婚，那时候够成熟了，和另一半也才能相安无事。”

最后，他选择与母亲的建议妥协。他好像又回到小时候，母亲帮他安排学英文、心算一样。

不过，母亲没让儿子发现的是，她其实真的很害怕儿子结婚，毕竟儿子是她的全世界。这种对儿子的占有，变成一个又一个可怕的预言，而儿子让一个个预言成真，他们母子俩仿佛共同谋划了他们跳脱不出的命运。

我们在原生家庭受的伤

在我们的成长过程中，我们会慢慢理解到，父母并不完美，他们并非全知全能。

父母会有儿女不知道的事，会有他们的担忧、恐惧与脆弱，甚至也会有他们不知所措的时候。

不准孩子长大的父母

成为父母，其实往往是重新经历自己童年成长的过程。

父母希望我们不要重复他们不喜欢的事情，更不希望我们重新经历他们不快乐的过往。于是，我们很自然地变成父母的延伸。

这些延伸是很自然的，也是很能被理解的。但当我们慢慢长大，这些延伸就会进入一个进退拉扯的过程。

有些孩子得离家才能喘息，有些孩子则是仍然不断讨好父母，只因为希望被认同。

不准孩子长大的父母，往往忘记了一件事情，那就是我们养儿育女的初衷。

父母为什么要养儿育女？如果我们只想要一个听信自己的话的粉丝，那么根本不需要养儿育女。养儿育女过去有养儿防老的目的，到现在有更新的意义，那就是让孩子用自己的脚走自己人生的路。

所以，**成年后的我们，可以慢慢学习辨认一件事情，父母对我们的要求是来自成长性动机，还是匮乏性动机？**

成长性动机会支持孩子的长大，不会因为孩子长大，而引发他们被抛弃或不被尊重的焦虑，他们愿意支持孩子，让孩子成为他自己；而匮乏性动机则相反，当你和父母意见不一时，他们就无法尊重你，也就无法支持你。

接受父母也会有他们的困境与局限这一事实，这很重要。

我们的父母，手足往往很多，他们可能得被迫接受功课好的手足才会被关注，被迫接受重男轻女，被迫接受许多不公平的待遇，那是他们的伤痛。而当他们成为父母后，他们很容易对我们过分关注，紧抓不放，因为这是他们过往成长所缺乏的。

“紧抓子女不放”的父母，心里其实很不安

我们可以想想，“紧抓子女不放”的父母，他们心里有多不安。

这种类型的父母，他们无法和孩子共同感觉目前的状况，要不就是干涉太多，要不就是全然拒绝，或者如果不按照他们的意思做，他们就威胁或示弱，以此换回孩子的一丝服从，显得自己对孩子仍有影响力。

这种类型的父母对于孩子的反抗，完全没抵抗力。他们也很容易卸防或感到害怕，孩子的反抗，挑战了他们不稳固的自我。

当父母“我对你不再有影响力、我对你不再重要”的危机意识被唤起后，他们就容易感到自己被质疑，感到不安，觉得自己很失败，于是指责小孩不乖、不懂事、不听话。他们会说:“你不听话，一定会有很悲惨的下场。”或者搬出“我吃的盐比你吃过的米还多”这一类的话，**他们将自己的焦虑丢出去，以证明自己还没有失败。**

以威胁、恐吓、发怒、撤回关爱，来让孩子就范，这些

对于孩子来说，长久下来，会变成心理上很难放下的负担和枷锁。

当对方说："好啊，你去啊。"其实是在说："你不准去。"

当对方说："你结婚，我一个人就好。"其实是在说："我一个人活不下去。"

当对方说："你自己快活啊，不用管我。"其实是在说："你没照顾我，真没良心。"

这些负担和枷锁，事实上都反映着父母对于情感的渴求。

孩子必须停止接收父母的焦虑

但当孩子因为这些情绪勒索而迁就父母时，就容易让父母觉得这些束缚是应该的。因此，无法让彼此都学习如何逃脱这样的窒息关系。

面对这样的父母，我们可以做的是，停止接收对方的焦虑，并且冷静、理性地还给对方，然后告诉对方："我知道你很关心我，也知道你很焦虑和担心，但请让我去试试看，好

吗？谢谢你如此爱我。”

放下对方的焦虑，试着用自己的脚走出自己的路，是我们每个人在成长道路上的必修课。

疼惜自己的练习（二十一）

你常常对“我都是为你好”“我都无所谓……”“不用顾及我……”“牺牲我吧！没关系的。”这些话感到痛苦万分吗？

这就是欲拒还迎、以退为进的情感勒索啊。他们其实没说出口的是：“我需要你重视我。”

该怎么办呢？我们可以试试，先不要太快对对方所说的“我都是为你好”表示同意，反倒可以表达对于这样的话感到有所质疑。

例如在前述案例中，当妈妈要求儿子四十五岁才能结婚，儿子可以回应：

一、“我知道这是你的想法，你认为这样做比较好。”

二、接着继续说：“但我想试试不一样的，这是我的

人生，让我来负责吧。”

母亲会有什么反应呢？可能会有以下三种反应：

一、虽然感到震惊，但愿意慢慢消化儿子的做法。她会观望后续的发展，待渐渐放心之后，也开始为儿子有自己的做法而高兴。

二、看到儿子自顾自地按照自己想做的方式生活，她会表达不满，对儿子生闷气，也许情绪崩溃，也许不断叨念，也许会失控，说儿子不听话，指责儿子不像样。

三、对于儿子的反抗感到焦虑，于是跟儿子讲更多。

当父母责备我们不再是他们“熟悉的那个人”“认为你变了样，让她很难过”等，面对父母，其实你不用太伤心，因为你正在为自己决定和负责的路上前进，会慢慢摆脱依赖心理。

父母养儿育女的目的，无非是希望孩子能成为独当一面的大人。而成年的我们，依循自己心里的渴望，做自己的抉择，这也是**让父母知道“原来，孩子可以按照自己的渴望去活”“原来，我的孩子长大了，他会过得**

很好”。

而当我们把自己的日子过好，就是给身边爱我们的人以及父母最好的礼物！

无法仅满足于一段亲密关系——游戏人生型

他混乱地重演父母荆棘的感情片段，走不出来……

“这一次，我不会再这样了……求你原谅我……”

“拜托，你接电话好吗？……”

“你是不是真的打算从此不理我了？……”

一条条信息，像是沉入无声又黑暗的海底。

他想，这次应该无法留住她了。

其实，这也不能怪她，因为她已经抓到他好几次和别的女生暧昧，甚至还发生关系。

渴求爱，但却不断背叛对方

他无法满足于一段稳定的关系，是由于他的父亲。

他爸爸常对他说，女人难捉摸，千万不要只钟情于一个女人。

自从爸爸与妈妈的关系降到冰点后，因为妈妈不愿离婚，爸爸就只能借着不断找外遇，享受着“将对方弄到手，再抛弃对方”的快感，并通过这种快感来处理自己和另一半之间无法跨越的冲突，以及充满纠葛的关系。

没想到，自认和父亲完全不同的他，却发现自己对于感情“得到又抛弃”的过程，竟然也有种快感。其实，他始终得面对的是，他内心深处是如此害怕被父亲抛弃，就像他的母亲及其他被他父亲抛弃的女人一样。于是，他先下手为强。他每爱一个，就抛弃一个。

他混乱地重演父母荆棘的感情片段，走不出来……

在看似荒谬的、玩世不恭的感情世界中，他是一个渴求爱，但却不断背叛对方的怪物。

我们在原生家庭受的伤

为什么我们身边总有游戏人生的人？有以下几点原因。

一、创造遗憾感

对游戏人生的人来说，做出承诺很容易，但要实现却很困难。

他们擅长在重要关系中创造让你意外的遗憾，也许是在交往到某个阶段时，突然告诉你他有另一半；或是当你对对方掏心掏肺时，他跟你说无法继续相处下去。

看见你又惊又怒的表情，是他们意料之内的事。而这样反复经历的遗憾关系，则与他无法深入一段关系，以及童年经历带给他的破碎自我有关。

二、搜集战利品

有些人将爱情关系当作一种搜集。在喊价时，放在高处的战利品看起来很珍贵；但等到手时，却觉得失去挑战性，甚至被放到仓库落灰尘。

当你看见一个男人或女人，细数他的前任有多厉害，他在讲的不是你有多珍贵，帮你抬高身价，而是在暗示你，当掉入他的爱情里，你就不被珍视了。这与商品刚到手，觉得很新奇，但看了几天却腻了的道理一样。

战利品，就像预售屋，永远只在一开始几天闪闪发光而已。

三、抬高身价

当一个人脚踏多条船，左哄右骗时，仿佛享受着皇帝坐拥三妻四妾的权力，瞬间也抬高自己的身价；另一种手法则是刻意创造“不稳的正宫地位”，再让她们之间互相纠缠，创造一种争宠心态。

四、重新经历受害者经验

有些人通过“给承诺，再毁承诺”的负向循环，重复创造受害者的失望感，似乎想处理自己童年的遗憾，但却制造出更多与他相同处境的人。

五、渴求优越感

有些人会借着轻视别人来获得某种优越感。但对这些人来说，这就像是一种成瘾行为，他们并没有真正处理自己生命中的问题。

游戏人生型的人视脆弱为无能，也视脆弱为一种手段。他们示弱的目的，是引发对方也拿自己的脆弱来交换，进而增加自己的优越感。所以，对于游戏人生的人来说，他们的世界根本没有别人，只有自己。他永远嘴巴上说以你为重、最爱你，但最终他最爱的还是他自己。

疼惜自己的练习（二十二）

裴斯塔洛齐（J.H.Pestalozzi）曾说："你可以把魔鬼赶出自己的花园，但你还是会在你儿子的花园中找到它。"

当我们过去被父母轻蔑、鄙视，不受重视时，我们的自我是破碎的。当我们还是孩子时，父母的一言一行，会让我们气得跳脚或悲伤得泣不成声，这么多的痛苦和难受都潜藏在内心的黑盒子里。

我们能全然接纳自己吗？我们能够接受自己多少黑暗面？我们能接受自己曾经不怀好意，想伤害人，想破坏别人的好事，或对别人的幸福感到忌妒吗？**如果我们无法面对与处理这些黑盒子里的东西，它们就会一直来找我们。**

步骤一：标记你的黑暗地标

我们这辈子常会遇到许多引发我们生气、忌妒、不满的爆点，这些爆点都是你的黑暗地标，直指着**过去没有处理好的失落与伤痛。**

例如：失恋的她，看到妹妹要结婚了，听到家人在谈婚期，甚至妹妹还邀她去买婚鞋，她表面上看起来很镇定，但内心简直要抓狂了。

她愤愤不平地想："这些幸福为什么只有你有，我却没有？""为什么好运总是不落到我身上？""你这又懒又邋遢的女人，凭什么能先结婚？"而怀着忌妒心的她，却仍然要当个称职的姐姐，其实她内心"被比下去"的心态，已衍生出吃醋和不甘心的心情。

请感受这些“你获得了，我却得不到”或“别人的人生进度比你超前”的比较心态，**这些比较心态其实是一种“不够优越”的失落。这种失落也许早年就存在你心里，只是如今被“妹妹结婚”这件事再度唤起。**

请写下最近让你心烦的黑暗地标：

__________________，__________________。

步骤二：了解心灵的黑盒子

请你回忆，在过往的生命经历中，有哪些是你当年很介意，但当时未曾好好处理的感受，请写下来。

例如：被不公平对待，无法获得父母的注意，被比下去，不被相信，被误会、轻视、唱衰，被认为不尽力、太爱享受、不够好、爱计较、不够大气、自私、不够勇敢、不够聪明、不够敏觉、反应不够快、不够体贴、不够听话、不够孝顺、不够为别人想、不够资格、没有用、不该存在、很多余、很无能……

__________________，__________________。

步骤三：接受你心里的黑盒子

没有人是完美的，而一个人活着，总无可避免需要承受许多。但当一个人不满、愤怒或怨恨时，那是一个人真实的感受。所以**不要躲避，也不要忽视，请如实地接纳它们。**

步骤四：珍视你心里的黑盒子

请记得，黑盒子里的每一个部分，都是你，也都属于你。

当你觉得“自己不被相信的时候”，你必定很伤心，但你想被相信的内容是什么呢？

当你被说“不够听话的时候”，你必定很生气，但你觉得自己正在用什么方式听大人说话呢？

我们可以做以下练习：

当我被说“____ 的时候”，我心里很 ____________________________________，但我想要的是 ____。

当我被说“______________________的时候”，我心里很__________________，但我想要的是_________________________________。

当我被说“______________________的时候”，我心里很_________________________________，但我想要的是_____________________________。

当我被说“______________________的时候”，我心里很_________________________________，但我想要的是____________________。

步骤五：拥抱黑暗背后深深的祝福

请闭上你的眼睛，并张开双手，以疼惜的心去拥抱你心里的黑盒子。

黑盒子并不可怕，你无须伪装成某个样子来面对它，当你能拥抱它，你将会释放过去的痛苦，也会发现原来答案从来不在他人身上。

总怀疑另一半出轨——疑心型

当年目睹母亲外遇的伤痛，没想到如今变成他们夫妻之间永远跨越不过的情感鸿沟。

“你是不是跟别的男人上床了？”

“你们女人都犯贱……”

“女人只要爱美，就是想勾引男人。”

“骚货，穿那像什么样……”

他边说边吐得乱七八糟，太太一边扶他，一边吆喝着孩子来清理爸爸吐满地的秽物。

“啊，爸在裤子里拉屎了！很恶心！”孩子惊惶地尖叫，并拉着妈妈往后退。

他拉了一裤子湿软的屎尿后，往后一仰，砰的一声倒了下去。

其实，他并不是突然之间变成这个样子的。

结婚之初，他把太太捧在手心里，认为他们是世间最好的组合。家里有个不大的店面，营收也还过得去。他老早就希望自己能够有个温馨的家庭，摆脱过去的阴霾。

苦涩记忆成为他的牢笼

十四岁那年的某一晚，他夜里尿尿后回房，经过爸妈房间时，突然听见低沉的喘息声，他揉了揉眼睛，想仔细看个究竟，好像有两个人交叠在棉被里，棉被正上下起伏着。

他愣在一旁，不敢相信自己的眼睛，因为棉被里的那个秃头，不正是与爸妈一起做生意的隔壁沈伯父吗？天哪……

他的爸妈结婚近二十年，夫妻俩在市场摆摊，日子虽苦，但也还过得去。但眼前的这一幕，让他太惊慌，也太害怕了。

“会不会是我自己看错了？”他慌乱地问自己。

自此之后，他对待妈妈的态度不一样了，他的心里充满对女性的不信任。

母亲以为是青春期的叛逆，却不知道这是对她无声的抗议。而这件事发生以后，他开始希望自己能有一段永不被背叛的恋情、一个永远幸福的家庭，可是他心里的酸楚和悲哀，却让他对太太整日疑神疑鬼。

而这些钻牛角尖所带来的苦涩，终于压得自己的太太和孩子喘不过气来。

他无法钻出这个狭隘的记忆，也无法卸下对女人的偏见。他对女人、爱和信任都嗤之以鼻……

我们在原生家庭受的伤

他以为长大后，就能成为一个成熟的男人。他不会像爸爸一样，被戴了绿帽还不知道。他也极力避免遇到像妈妈一样的女人，一个会让别的男人爬上床的女人。

但十四岁那年的创伤实在太大了。他以为挑选伴侣、组成一个家庭就可以将过去封存，但他面对眼中的世界，依旧是诚惶诚恐。

他对太太疑神疑鬼，充满不信任，而他对太太的不信任，其实源自于缺乏自信。

他一方面想拥有忠贞的恋情，另一方面却又认为自己给不起足以留住对方的条件。**长期处于这种缺乏自信却又自我膨胀的心理状态，**是因为他始终还停留在十四岁那年撞见妈妈外遇的一刹。他走不出来。

很多时候，我们提到爱是修复过去的关键，是新的契机，但爱本身也是一段又一段的试炼。

当另一半能接纳，就可能修复伤痛

我们需要一次次的冒险，一步步袒露自己最不自信和匮乏的部分，如果对方能够接纳，那么就有机会修复过去的伤痛，但**若对方感到有负担或排拒，那么，这种缺乏自信的感受就会更强烈。**

在咨询的过程里，曾经有一位太太对我说："我先生常常挑战我的底线，他明明知道我来自单亲家庭，却不断意有所指。说我之所以当不好太太，就是因为没有正常家庭。但他来自正常家庭又怎样，品行这么差，在别人伤口上撒盐。如果是这样，来自正常家庭又如何？”

这位太太让我印象非常深刻。虽然她的响应让先生感到不自在，但在她表达的同时，不但对自己过去的伤痛有所省察，也不让别人逾矩，不让别人在自己的伤口上再度撒盐，她知道如何不被对方定义或藐视过去的经历。

让过去成为过去

当爱情变成修复过去残酷的刑场，战战兢兢地检视是否再度受伤，渴望忠贞不渝，却又因为害怕失败，进而从中挑三拣四，却没看见躲在防卫和攻击背后的，往往是残破又害怕不已的自己。当一个人的自我是畏畏缩缩又残破不堪的，就更容易吸引虐待自己的人，而这样的玻璃心态，如果未能觉察，也很容易变成未引爆的地雷。

因为自卑心理作祟，容易觉得自己低人一等，感到自己不值得被爱。其实，无论上一代如何，那些都已经过去，**你现在的想法与决定，比较重要。**

疼惜自己的练习（二十三）

亲爱的，请你记得，你其实有能力让过去停留在过去。

我们看不见未来，有可能是因为过去的伤痛太深，也有可能是自己不愿意将过去封存。

毕竟，如果忘怀过去的伤痛，我们会怀疑，那么是否连一部分的自己也遗忘了？而如果释怀了，我们会害怕，我们是不是并没有从中得到教训？

一、为我们的伤痛办一场恳切的告别仪式

亲爱的爸妈：

谢谢你们把我带来这个世界上。现在的我，已经长大了，你们当父母的任务已经达成了，我知道这一路上你们很辛苦。

过去与你们相处时，有快乐、甜蜜，但也有你们加在我身上的痛苦、责难与对自尊的损伤。

我不怪你们，不是因为我比较有度量或仍然蒙蔽自己，是因为我不想再纠结在过去，走不出来。

无论过去我们如何，现在的我已经长大了。未来我会爱着自己，在我的人生道路上前进。

谢谢你们和我一起走到这里，无论这份相处经历是美好的或痛苦的……我都会记得。**这是我的一部分，我不否定它，我如实接受。**

二、布置一个安心角落

在家中，挑选一个你喜欢的角落，摆设你喜欢的物品，放上让你感到安心的人的相片或象征物。

当你感到伤心、孤单或无助时，请记得回到这个角落，让自己好好坐下来，将呼吸放缓，闭上双眼，**想象一下，若是曾经让你感到安心的那个人知晓了你目前发生的状况，他会对你说些什么，他会如何同理你，他会如何安慰你。**

无法爱，更无法原谅——不懂爱型

只要先生晚回家或晚回她信息，

她就会无法克制地检查他的公文包与手机。

七年前，她先生外派日本时发生了一段外遇。

虽然先生最后回头了，但这场风暴并没有结束，反而化明为暗。

“我都已经回来了，你还要我怎么样？”每次面对她的要求，先生心里都有一种委屈感。

当初那句“接下来，我会用一辈子补偿你……”是他对她的承诺，只可惜自从发生那件事，她变得很没安全感，她饱受疑神疑鬼的精神折磨。只要先生晚回家或晚回她信息，她就会无法克制地检查他的公文包与手机。

另外，先生的财产也都交给她管理。先生被规定一天只能花三百台币，其余的花费都必须再向她申请。为了赎罪，他赔上男人的尊严，只希望唤回她的心以及一个完整的家庭。

无法停止怀疑的背后

只是，这些仍然无法安她的心，她无法放下“你一定会背着我做些什么”的怀疑与那颗充满不安全感的心，甚至先生只要想碰她，她便下意识地在心里生起“你好肮脏”的想法。所以，每当先生与她亲密时，她反而感受到更多的背叛与不忠。

其实，她愈是怀疑先生，心里也愈痛，而那些她无法消化的痛，直指的都是一种伤心。“其实从头到尾，我都不是你的最爱。”“你的人在，心却不在，这到底算什么！”“原来我对你从头到尾都没有吸引力。”“你竟然是一个随便找个人就搞外遇的男人！”

从小担当父母之间的和事佬

她生长在父母经常吵架的家庭，她不知道父母为何要结婚，又为何要生下她。

她常常当父母之间的和事佬，一下子安抚妈妈，一下子又安抚爸爸。

其实，她搞不定这两个难搞的大人，她也没机会学习如何与别人沟通，增进亲密。她与先生的婚姻生活，像是一种责任与习惯。

没想到，她在感情上却遭遇先生的背叛。之后，她不准先生离开她的视线，她要把他拉回自己身边。只是，当先生带着愧疚的心弥补她时，她的不安却仍无法消弭。

她只能用更大的力气拉着他，并且愈拉愈紧……

我们在原生家庭受的伤

父母往往是我们学习如何与亲密伴侣相处的第一个对

象。当父母总是争执不休，我们便无法学到夫妻之间该如何相处与对待，以及婚姻不顺时，我们又该如何安顿自己的心、如何面对。

孩子是依着大人的样子成长的。当一对夫妻吵架的时候，孩子一方面要扮起和事佬的角色，另一方面更担心如果自己处理不好，例如偏袒或认同某一方，是否就有失去另一方的危险。

父母常认为和孩子说心事，孩子一定会忘记，但不会，只是当孩子面临自己无法处理的父母冲突时，他们常常会自责或是装乖，但都是极度压抑。

为什么无法离开不适合自己的婚姻

一个在原生家庭中常被迫处理父母冲突的孩子，当他们与伴侣有争执，甚至觉得彼此不适合在一起时，他们往往无法离开。**因为这曾经是自己认为最“正确的决定”，而如果轻易离开了，除了否定自己当初的选择，更印证了自己和父母同样的命运。**

一个感到被亏欠的人，当面对生命中的变数时，一方面会觉得自己应该有风险管控的信心，另一方面却又对于对方制造“亏欠无上限”的危机感到无力。他们为什么不离开？因为这曾经是自己认为“最正确的决定”，如果轻易离开了，除了否定自己当初的选择，更印证了自己和父母同样的命运。

上述案例里的太太，在先生发生外遇后，她的生存之道，是不断地防堵先生。因为**她担心自己一旦松手，会被先生伤得更重，但她应该先处理的是自己薄弱和破碎的自我。**

父母从小怎么对待我们，大大影响我们成为怎样的大人。

其实夫妻关系是很脆弱的，我们都无法保证关系会长久。亲密关系就像植物，需要时时灌溉，否则会从基底枯萎，甚至在你不经意的时候已经悄悄死亡。

而婚姻里的外遇就像盆栽里的沃土被破坏，上述案例里的太太因为先生有外遇，所以不断追讨对方，希望对方弥补，让对方悔恨。她的许多怨怼和难受，都希望对方能承担。但重点还是必须让土壤重新肥沃，否则再多的责难都只是让土壤愈来愈干涸，最后植物从根部坏死。

疼惜自己的练习（二十四）

我们该怎么让过去的遗憾不变成人生里的黑暗?

步骤一:请写下我们人生中的“遗憾地标”

在我的生命中，曾经发生过以下几件事，让我感到很遗憾:

______________________________，

______________________________。

请挑选其中一件你最想处理的事,并回答以下问题:

这件事对我现在的影响是:______________________________。

我在过程中，最无法原谅别人的是:______________________________。

我在过程中，最不能放过自己的是:______________________________。

我曾经做了 ______________________________

________________________让自己好受一点。

如果这件事没发生，我想象我的人生会：__________

____。

但这件事已经发生，如果它可以让我有所收获，我认为可能是：____________________________________

____________________________，________________

____。

步骤二：设置停损点

当我们被遗憾影响的时候，就是被过去拖住了。

其实，我们的人生是持续向前的，所以**“让过去的事，停留在过去”是一个很重要的练习。**

唯有对于过去的事设好停损点，我们才有疗愈自己的机会，也才能慢慢减少过去的伤痛对我们的影响，并珍惜和把握现在的关系。**这也是不会让不安无限上纲，而导致更多“全世界亏欠我”的受害者心态。**

步骤三：练习爱自己

亲爱的，当我们受了伤，在生命中跌了跤，那是很痛、很难受的事，尤其是意料之外的伤痛，那往往更令人难以承受。

所以当我们受伤，感到疲累、烦闷、无助时，**请记得对自己说：“我爱你，无论发生什么事，我都不会离弃你，我会一直待在你身边。”**

你属于你自己，你不需要拿自己的人生去换取别人的爱和肯定。

对于你生命中的失落与不安全感，你可以试着疼惜自己、疗愈自己。

只有先把自己爱回来，你才有能力爱别人。

总对另一半大呼小叫——盛气凌人型

她吵得愈大声，心里却愈觉得受挫折，

因为她再怎么大声，那个温柔的男人也回不来了。

“狗大便你都没清，臭死了！”太太一进门就大声抱怨。

“会吗？我才刚清了吔。”先生响应。

“你不养狗是活不下去吗？我比不上那只狗，是不是？你说啊，平常不是很会回嘴，这会儿怎么变成哑巴了啊？！”

他已经不想理太太了，每回太太这样，愈吵愈大声，他就很想把耳朵捂上。

但对太太来说，她吵得愈大声，心里却愈觉得受挫折，因为她再怎么大声，那个温柔的男人也回不来了。

烙在她身上的印记

交往多年的他们，总是吵吵闹闹，常被说是欢喜冤家，但时间一长，置身其中的两人却感受到无法沟通的折磨。

当年她被大家羡慕和一个好男人交往。她仗着男人对她好，愈来愈予取予求。但温柔的男人是有限度的，时间一久，若仍持续不对等的关系，那么，任谁都会觉得难以招架。

过去对先生习惯颐指气使的她，总是不明白先生在众人面前的忍让。因为先生爱她，为她顾着面子，吞下满腹委屈也无妨。可她并没有珍惜，反而常常得理不饶人，什么都要争到赢。

现在，先生忍无可忍的回击，让她哑口无言，只剩赌气和不甘心。她从小看到妈妈一肩扛下许多事情，而爸爸总是默不作声，一副人在心却不在的样子。她就觉得女生不能太能干，但要有所要求，才会让另一半就范。

长大后的她，控制着另一半做什么、不做什么，什么都要对方做到，不然就发脾气。她本来以为先生可以照顾她一辈子，没想到日子久了，他也唯恐避之不及。

我们在原生家庭受的伤

很多人说："我们会对心爱的人大呼小叫，那是因为我们是家人哪！"但真的是这样吗？

如果因为我们是家人，就要被这样颐指气使，那么我相信有些人会抱怨，我们还不如不要当家人，那样比较能够理性沟通吧！

当爱夹杂着"控制"和"应该"，就容易变质了。

其实，应该这么想，就因为我们是家人，所以说起话来很容易更有分量，更具杀伤力，也更让彼此揪心。所以，你怎么舍得在家人的伤口上撒盐，让对方更受伤？

将自己心里的不满投射在对方身上

上述案例里的夫妻，为什么太太无视先生的付出，只盯着他做不好的地方紧追不放？又为什么我们常对另一半大呼小叫，对别人却不会这样？

如果一个人从小并未被好好对待，那么，她的自我可能很脆弱。这样长大的孩子，当她对自我的认定是“自己本就不值得被好好对待”，以及一旦她觉得“自己不够好”的时候，**为了消除这样“不好”的感受，她很容易投射在另一半身上，抱怨“另一半很差”。**

对方如果接收这个“我很差”的信息，而急着解释或证明，那么这就是心理学上所谓的“投射—认同”作用。**当一方将自己心灵的垃圾丢出来的时候，对方因为爱你，且不希望在你眼里他是糟糕的，所以就会接住这个心灵垃圾，以向你交代与证明“我没你讲的那么差”。如此一来，就掉入一种“丢与捡”的恶性心理循环。**

而对于另一方来说，她会惊喜地感受到，原来，你爱我，就有义务“帮我处理这些难以消化的心灵垃圾”，也就是：

“如果你爱我，怎么会不帮我……”

“如果你爱我，就应该……”

“如果你爱我，就必须……”

在他们的眼里，看不见对方的需求，也看不见自己可以付出什么，只看得见对方可以提供什么服务。唯有不断地使用对方，才能感受到被爱、被关注、被照顾。不断地创造出更多需要被对方服务的地方，其实是以爱之名来满足自己从未被关注的脆弱自我。

只可惜，这个脆弱的自我，是无法被满足的。因为她的自我是破碎的，所以患得患失的感受也很多。

每个人都该处理自己心里的“黑箱子”

如果我们从父母眼中所看见的自己，是一下子好、一下子不好、一下子乖巧、一下子差劲，那么，我们就不容易整合出“我”是怎样的人，尤其是自己的黑暗面，就很容易被丢到“丢脸”的黑箱子里。**等待着另一个人来解救，而不会自己负起整理黑箱子的责任。**

所以，我们常听见伴侣间说对方很卑劣，但某种程度上，是害怕自己很卑劣；说对方很自恋，其实是害怕自己很自恋；说对方很肮脏，其实是自己很脏，因为如果我承认这么脏的人我也嫁，那不就代表我也很脏？于是不断要对方洗手，似乎在对方“彻底干净”的情况下，才能感受到自己够干净。

其实，这是自己无法消化的感受投诸另一个人身上的后果。有时候，根本与对方无关。

然而，对于一个长期被“服务”和“听话”者喂养的人，一旦对方“撤回服务”“不再听话”，习惯利用对方的她，就会崩溃且无法自理，常会大加指责另一半怎么可以撤回关爱和服务，进而形成变相的情绪勒索。

其实回头想想，这些“莫须有的罪名”都是对方心灵的垃圾，你帮她清理再多年，她都不会有自觉。直到最后，你认清了，还给她这些属于她的感受，她还会责备你“以前都收，现在怎么不收了？”，把责任归咎于你，进而再度证明自己是好的。

疼惜自己的练习（二十五）

你身边也有人陷入这种“你丢—我捡”的心理游戏吗？还是你就是这种状态的苦主呢？

我们可以玩一个“反转游戏”。“反转游戏”的游戏规则：

步骤一：请你用一分钟，写下你在伴侣身上所看到的你最受不了的特质

例如：幼稚、不会想、不可理喻、不聪明、讲话太直白、说话含血喷人、大嘴巴、爱八卦、爱跟风、没有自己的风格、找别人麻烦、没有证据硬要讲、什么都要争到赢……

____。

步骤二：请你找一位了解你的朋友或亲人，然后跟他说（如果只有自己一人，也可以自行操作）："我最讨厌你很（特质或作为）……"

____。

步骤三：说完上一轮后，请你将主词倒过来说："我其实是讨厌自己____，当我做了这些，我感觉我很（无能、没礼貌、笨、

令人讨厌、被视为白目、被拒绝、不受喜欢）____。

步骤四：在我成长的过程中，有谁曾经说："当你____的时候，你是____的。"

将每一个特质和作为，依据上述句型，找到源头。也许你是自己领悟到的，或真的被讨厌过的，都可以。

因为有人的反应不如你预期的好，**让你感受到不被爱、遭到拒绝、丢脸、难堪，这些其实都组成了我们破碎的自我。**

步骤五：如果你愿意，请在每一句的后面加上"这是真的吗？""我是这样吗？"

"就算我是这样，我也接受他，爱着他好吗？"

其实，在你挑剔别人"你很……""你应该……"的时候，也可能是我们最排拒自己、最无法接受自己的时候。这些话，会让爱我们的人因此感到不知所措，他们也容易感到被我们排斥，尤其是我们的孩子，孩子是吸收得最彻底的。

所以，请回头想想，你所抱怨的内容是不是你自己无法接受，但却将这部分投射到我们心爱的家人身上，要对方负责让我们开心，以便接受这个破碎的自我呢？

宁可守着婚姻空壳——牺牲型

她要证明给全家人看，她在婚姻上的决定是对的。

“为什么别人家的爸爸、妈妈都不会吵架，你却一天到晚和爸吵？”当儿子抬着头，眼睛瞪得大大的问她时，看着儿子稚嫩的脸，她哑口无言。

她不知道为什么自己的婚姻会变成这样，她要和一个不能沟通的人牵扯一辈子。

儿子的问题就像一个探照灯，照亮她已经了无生趣的伴侣关系。“唉，就当我这辈子欠你的啊。”她咬着牙，赌一口气，合理化现况，并决定从此什么都不说、什么都自己扛，她再也不跟先生吵。

她决定用最低标准看待先生。只要先生人还活着，就算个性很倔、很不讲理、没什么责任心，她也不再计较。

突然看见自己过去的伤口

幼年的她，从来没有母亲在身边照顾。

她一直很希望自己能像其他家庭的小孩一样，放学一回到家，就有妈妈煮好热腾腾的晚餐，也有爸爸能教她功课。

但她等到的是混黑道的爸爸又不回来，只有不认识的叔叔或阿姨买了个便当给她，顺便帮她签完联络簿。

从小孤独的她，很希望有个完整的家，所以很早就踏入婚姻。

“在婚姻中做牛做马，牺牲奉献，忍为上道”是她不愿离婚，也不愿和难缠的老公分开的信念。

她要证明给全家人看，她的决定是对的。当这男人愈糊涂，愈做错决定，她就愈将自己当成英雄，不断收拾先生的烂摊子。

但当她看见儿子愈长愈大，心里的挣扎也愈多，老公常出事，她就明示、暗示儿子：“妈妈很辛苦，希望你乖乖的，别让我烦恼。”“想有个完整的家，就要忍”，这是她的生存之道。

还好儿子很上进，有了不错的工作，但没想到儿子结婚后却想离婚，她陷入困境……

当她劝着儿子：“我们做人，就是要做牛做马，牺牲奉献，也要有个完整的家……”她突然看见自己过去的伤口。那个没有母亲，只有半个父亲陪在身边的她，想阻止儿子离婚的意志就更坚定了。

“没有完整的家，你一定不会幸福的！”当儿子跟她提离婚的时候，她赌气地对儿子这么说。

她不想了解儿子想离婚的原因，她下意识地觉得“只要听，就会揭开自己过去的伤口”。

但儿子对她说：“离婚又不是坐牢，你不幸福，决定忍，那是你的事，为什么要逼我接受现况？我总有选择权吧！”

当儿子这么说时，她迷惘了。

不是为了儿子，是感到自己的未来茫然无所依……

我们在原生家庭受的伤

我们常看到，很多人觉得自己在关系中是牺牲的一方，但因为得不到对方感激，所以他们更一头栽入，投入更多，直到自己消耗殆尽……

为何他们要跟自己如此过不去?

我们从小被长辈耳提面命，“床头吵，床尾和”或“忍一下就好了，别那样计较”。这些话，某种程度上是对的，如果彼此之间的关系是对等且互相珍惜，那么忍让像是一种缓冲。或许待双方都冷静，想一想，然后再彼此沟通，就没事了。但是长辈没有教我们，对“错误对象”一味地付出努力和忍让，其实是一件很危险的事情。

学习重视自己内心的声音

回到上述案例，父母当年不敢结束自己的婚姻，结果现在当儿女的婚姻撑不下去时，他们却认为儿女应该继续忍耐，所以反对他们离婚。

当子女和父母的意见不一时，通常有两个结果，一是子女顺服父母的冀望，二是子女重视自己真实的感觉。但关于后者，子女会感受到两种冲突的心境。

一、这段婚姻真的已经乏善可陈，可他人不是我，无法体会我的感受，父母劝和不劝离，真的是为我着想吗？

二、也许妈妈说得对，她应该是为我好，可她如果真的为我好，怎么不能懂我真实的心声？

唯有将这些无意识的、没有被确认的想法说出来，才有机会让双方都知道这是不是个经过意识判断的决定。

以自我为中心的父母常常会灌输子女“自我牺牲很值得，你可以换来不和对方吵架”“忍一下风平浪静，相安无事才是一个家庭该有的样子”。他们不分对象，宣扬自我牺牲能带来多大好处，让儿女认为自己做得不够多、不够好，而感到惭愧，最终变成“被榨干的母亲的继承人”而无法脱身。

这种类型的父母，他们不晓得自己的底线在哪里，等到累坏了，或情绪累积到某个程度崩溃了，却还自我谴责“我怎么可能会崩溃”。

当他们牺牲愈多，这种舍我其谁的英雄剧本就愈膨胀，他们想消弭孩子对他们的质疑，挑战一个又一个不可能的任务，也要求孩子这样做。他们也容易受到别人影响，更容易受评价牵扯，活成一方面不允许自己休息，另一方面却又谴责孩子的人生。

但那是父母的决定，不是你的。如果父母不准你______
____，也许与几个因素有关：

一、违背他们生活中的核心信念。

二、没有承受未知和变动的能力。

三、挑战他们自己的选择。

四、害怕外人的评价。

五、认为你是他的延伸（你的决定就是他的决定）。

其实，父母有他们在生命发展中的焦虑。我们都不是为了父母而结婚，别因此牺牲自己，毕竟我们能负责的也仅是自己的人生。

疼惜自己的练习（二十六）

花点时间，找出对你的决定总是很有意见的那个人。他的一言一行，常常让你感到有罪恶感。你会觉得自己的决定是错的，你也会感受到自己不被支持。

当他出现时，是否让你感到紧张、变得渺小、感到有压力？

请简短描述这个人的个性，他是怎么影响你，让你有罪恶感的。

其实，一部分原因是我们让他们在我身上发生作用的”，所以请记得你是自己生命的主人。

建议你，可以练习以下信念。

你可以时时对自己默念：“我，不需要当个事事牺牲的人。我的存在就是值得被珍惜的。”或将这句话写下来，在自己有所犹疑时，拿出来鼓励自己。

提到离婚，我想起有一次在带领团体的实务现场里，有一名成年女性，她提到自己从小生长在父母离异的家庭时，感到羞愧，甚至崩溃大哭。

她认为母亲常常施加压力给她，在她谈恋爱的时候总是阻挠，老担心她被男人骗，以至于她为了“要证明对象是好的，自己眼光不是错的”，而无法正视在亲密关系中的困境，乃至真的被骗很多次。

然后，母亲又冷嘲热讽地说：“你跟我是同一种命，不要随便谈恋爱结婚。”她更是赌气，更无法接受这种说法。

此时，在团体中，另一名男性开口：“其实，你妈妈应该以自己离婚为傲，我父母纠缠了二十几年不离婚，反倒是我们身为小孩，听他们抱怨了二十几年无解的问题，弄到现在连谈个恋爱都觉得好像背叛父母。他们不离婚，我们的幸福却被判了无期徒刑。”

接着他说：“你妈妈敢离开自虐的婚姻，应该大大地自我肯定才是，不应该这么消极啊。”

当时，这些成员的话大大宽慰了那位成年女性。

她说，如果能早点听到这些话，那么她也许不会受困、受苦那么多年。

其实离婚与否的决定并没有对错，每个人都有抉择自己要怎样幸福的权利。但若是因为父母婚姻中经历的伤痛，或者父母自己未能觉察的某些原因，而掩盖了孩子在关系中真实的感受，这才让孩子痛苦，也可能阻挠了孩子为自己人生重新做一次决定的机会。

也许时间拉到长远，很多事情会变得微不足道，但我们不要成为亲密关系中的贪食蛇，更不要成为牺牲奉献无上限的长工，任何一种关系都是需要互相尊重，才能维系，在婚姻中，更不例外。

夹在妈妈和太太之间的先生——绝望型

只要她提到“婆婆又说什么”,先生就用“你怎么这么情绪化”回击。

“你嫁到我们家就要认份，有财产就应该交出来，这不是很基本的道理吗？”

那天婆婆跟邻居抱怨时，被身为儿媳妇的她听到，她觉得很不满，但没作声，没想到小姑也开口。

“人家婆婆说什么就是什么，没想到大嫂你这么不懂事。你看看隔壁家媳妇，多么识相。识相才会得人疼。”小姑酸溜溜地补上这些话。

她被婆婆和小姑两人夹击，心里不是滋味，晚上与先生吵，但先生也感到无能为力。

“我妈的个性就是这样，我也不知道她哪里来的这种观念，认为‘只有姓我们家的姓、流我们家的血，才是家人’，你别跟她计较。”

原本先生是想好声好气劝太太看开点，没想到太太很崩溃，情绪失控地说：“什么叫作‘不是流你们家的血，就不是自己人’，那你跟你妹乱伦好了，依照你妈的道理，‘近亲相奸’才叫作自己人嘛！”

“你讲的这是什么话啊！固然我妈有错，但你讲这话真的太离谱。”

后来，只要她提到“婆婆又说什么”，先生就用“你怎么这么情绪化”回击。这样长年争吵下来，她觉得很腻，也很烦。

她感到很懊恼，先生不打算搬出去，但也渐渐不回家。她在家中被冷言冷语，很不安，却又没有出路。

各自无法逃离原生家庭的夫妻

她来自传统家庭，妈妈常被爸爸挑剔、责骂，却丝毫不敢吭声，依然认命地完成媳妇该做的事。

从小为妈妈抱不平的她，早就看腻这种八点档的剧情。原本婚前告诉自己“眼睛要放亮，千万不要步妈妈的后尘”，没想到自己却陷入另一个不讲理的传统家庭循环里。

当年她为了摆脱男尊女卑、言语暴力的家庭，选择风度翩翩，喜欢看展览、逛艺廊的先生。与先生交往期间，她与他谈论创作，从他身上感受到自由自在，一种能从现实中逃逸，不必为现实愁苦担忧的心情。她心想：“这性格温顺、视野开阔的文艺青年，应该就是能带我从家庭走出来的最佳人选吧！”

但没想到婚前看似开明的先生，在家却被拥有传统观念的婆婆摆布，无法逃脱。

“只要有血缘关系就是一家人，没有血缘关系就是外人”这样的说法，让她变得歇斯底里、情绪失控，最后婆家总以“你太情绪化”而不断责难她。

把她视为外人，却又以“媳妇的本分”之名逼她就范，这不是很矛盾吗？她这才恍然大悟，原来，当年她和先生一样，都急着想逃离这样男尊女卑、长辈大权在握的家庭，而看似逃出原生家庭束缚的两人，却不知彼此又都被家庭卷了回去。

我们在原生家庭受的伤

她看似和原生家庭做了很不同的抉择，但没想到，原生家庭仍以另一种形式回到她身上。

深深感到挫折的夫妻

她希望通过婚姻来解决这些过去的伤痛，却始终无法如愿，让她感到很受挫。但在这个过程中，想必先生也是受挫折的。

先生用他的怒气来抵制太太的抱怨，因为他深深知道妈妈和太太都没有安全感，而他也无法处理女人的没安全感。

对先生来说，他也在重复原生家庭的梦魇。原本以为自己选择了“前卫、开明的太太”，应该不会像老妈一样叨念和传统，但现在看来，他对太太有过多理想化的期望。

他认为太太能够给他带来安全感，并给予他童年所无法获得的尊重。他在与太太的对谈中所获得的自由感，不仅仅满足了她，也满足了自己的优越感和被尊重。原本他以为太太能够带他从原生家庭中逃逸，但却因为双方都陷入原生家庭的重复模式中，而备感无助和挫折。

令人悲伤的“强迫性重复”

这种状态被称作“强迫性重复”（repetition compulsion），强迫性重复指的是我们很容易在不知不觉中，被特定类型的对象所吸引。例如，临床个案中常见的典型“讨好男—冷艳女”的组合，有些男生特别喜欢冷艳、难亲近的女生，可是他们却不断找外遇，而对象都是对他们很顺从的女生，以此来弥补在伴侣关系中得不到的尊重。

他们借由和对方一来一往的互动过程，来处理过去与强势母亲互动时，那种“凡事被决定，没办法说心里话，一直被当成小男孩”的挫折感。基于希望被母亲认可和喜欢，选择一个难以亲近的女性，以便处理他们过去和母亲之间无法亲密的问题。

一方面他们对这样的挑战着迷，另一方面却又在“依然难以讨好”的固定互动模式中企盼有温馨的母爱。

这样的模式其实很有问题，因为一旦难亲近的对象将她最依赖的部分呈现出来，男人又觉得这样就“变成家人”“没有感觉”，因而失去挑战的动力了。

疼惜自己的练习（二十七）

这种强迫性重复的方式，往往在下意识中进行。也许我们无法在亲密关系中立刻体会到，但从过去经历和现在的恋情中可知，时时保持觉知，却是非常重要的。

也许可以通过以下问题，**整理过去原生家庭的生命经历，以及现在的自己：**

一、在原生家庭中，你最无法认可的对象是____（可多多列举）。原因是____。

你最不想见到他的____。

二、在原生家庭中，你不喜欢的家庭规则是______

____

______________________________________（可多多列举）。

原因是______________________________________

____。

你发现自己不喜欢的原因，是害怕过去对你的影响

____，

____。

在你过去恋爱的经历中，你觉得自己最委屈的点在

于____，

____。

你认为这几者有何关联？______________________

____，

____。

你企盼在现在或未来自己的家庭气氛是__________

____，

____。

我们不需要继承上一代人的战争，但我们也无法冀望另一个人有义务和能力，带我们从原生家庭中出走。

“爱情”和“婚姻”不完全是过去关系的解药，我们其实都很平凡，也很对等。当我们负着伤，却不断想象另一个人有能力带我们出走时，他往往也在和我们的这段关系中舔舐着他过去的伤痛。

唯有对自己保持觉知，负责任地和对方沟通，并邀请对方一起成长，我们双方才可能成为修复彼此原生家庭伤痛的解药。

【附录】

写下生命中支持你、欣赏你、陪伴你的人

在你的生命中，有许多人会出现，也会有人离开。有些人对你的影响很深，有些人可能让你很痛苦。我们该如何看待自己，又该如何疗愈自己？

步骤一：写出你的原生家庭中的成员

例如：爸爸、妈妈、奶奶、哥哥。

____。

步骤二：当你想到他们时，你的感觉是什么？

例如：我发现妈妈对我总是高高在上，让我感觉自己很

渺小、没有自信。

我发现姐姐虽然总是吐槽我，但她却又很关心我，总是站在我这边。

我发现我爸总是展现权威，让我感觉他的意见很可靠。

我觉得 ____。

我觉得 ____。

我觉得 ____。

我觉得 ____。

步骤三：写下你希望家人看待你、对待你的样子

例如：我希望妈妈别总是高高在上，我希望她偶尔可以抱抱我，听我说说心里的烦恼。

我希望 ____。

我希望 ____。

步骤四：写下虽然不是你的家人，但总是愿意支持你、欣赏你、陪伴你的人

例如：× × 看着我时，我觉得自己被肯定。

× × 看着我时，我觉得自己被欣赏。

× × 看着我时，我觉得自己被爱、被喜欢。

请你记得，你的存在，本身就是一种价值。你无须迎合他人，更无须委屈自己。

而当你受委屈时，也请你记得，你身边有支持、欣赏及陪伴你的人，他们或许是你的家人，或许不是，他们愿意付出，也愿意给予你温暖。

你，从来都不是孤单一人。